Wir neu A1.2
Grundkurs Deutsch für junge Lernende

Lehr- und Arbeitsbuch mit Audio-CD

Ernst Klett Sprachen
Stuttgart

Wir neu A1.2
Grundkurs Deutsch für junge Lernende

Symbole im Buch

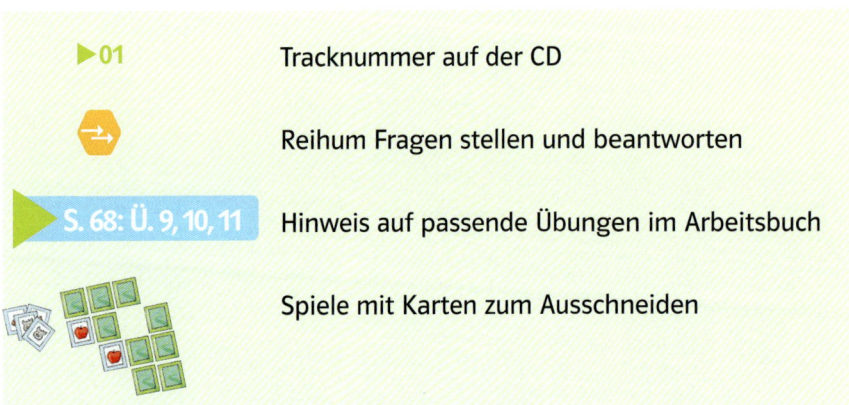

▶ 01	Tracknummer auf der CD
⬡	Reihum Fragen stellen und beantworten
S. 68: Ü. 9, 10, 11	Hinweis auf passende Übungen im Arbeitsbuch
🃏	Spiele mit Karten zum Ausschneiden

1. Auflage 1 ⁹ ⁸ ⁷ | 2019 18 17

Alle Drucke dieser Auflage können nebeneinander benutzt werden, sie sind untereinander unverändert. Die letzte Zahl bezeichnet das Jahr des Druckes.

Das Werk und seine Teile sind urheberrechtlich geschützt. Jede Nutzung in anderen als den gesetzlich zugelassenen Fällen bedarf der vorherigen schriftlichen Einwilligung des Verlages. Hinweis zu § 52 a UrhG: Weder das Werk noch seine Teile dürfen ohne eine solche Einwilligung eingescannt und in ein Netzwerk eingestellt werden. Dies gilt auch für Intranets von Schulen und sonstigen Bildungseinrichtungen. Fotomechanische oder andere Wiedergabeverfahren nur mit Genehmigung des Verlags.

© Loescher Editore S.r.L., Torino, erste Ausgabe 2002, Giorgio Motta, Wir
  Für die internationale Ausgabe © 2013 Ernst Klett Sprachen GmbH, Stuttgart (erste Ausgabe 2003)

Internetadresse: www.klett-sprachen.de

Bearbeitung und Redaktion: Eva-Maria Jenkins-Krumm, Wien; Coleen Clement, Berlin
Umschlaggestaltung, Layoutkonzeption: Sigi Hasel, designcomplus, Weilheim / Teck
Illustrationen: Agge Schlag, Köln
Herstellung, Gestaltung und Satz: Katja Schüch, Kirchheim / Teck
Reproduktion: Meyle + Müller GmbH + Co.KG, Pforzheim
Druck: DRUCKEREI PLENK GmbH & Co. KG, Berchtesgaden, Printed in Germany

ISBN 978-3-12-**675871**-0

Modul 2: Bei uns zu Hause — Seite 5

Lektion 3:	Kommunikation	Grammatik	Texte, Spiele, Lieder — Seite 6
Mautzi, unsere Katze	• Hast du Haustiere? - Ja, ich habe eine Katze / einen Hund. • Magst du Tiere? • Meine Katze mag Milch.	• Präsens von *mögen* • Präsens von *haben* • Akkusativ: unbestimmter Artikel, Negation unbestimmter Artikel	• Tier-Memory • Rätsel • Kartenspiel • Interview • Märchen: Rotkäppchen • Bildertext • Lied: *Hast du Tiere?*

Lektion 4:			Seite 14
Die Nachbarn von Familie Weigel	• Woher kommen Sie? – Ich komme aus Spanien. • Was spricht man in der Schweiz? – Deutsch, Französisch und Italienisch. • Was spricht Pedro?	• Präsens von *sprechen* • Ländernamen, Sprachennamen • Fragewort: *Woher?* • Präposition *aus / aus der*	• Personenbeschreibung • Ratespiel • Länder-Memory • Sätze bauen • Interviews • Lied: *Sprechen Sie ein bisschen Deutsch?*

Wir trainieren … — Seite 22
- hören: Kurzinterviews: Was stimmt?
- lesen: Ali stellt sich vor: Was stimmt?
- schreiben: Dialog ergänzen; jemanden vorstellen
- sprechen: Minidialoge mit Karten

Grammatik — Seite 24
1. Verben: Präsens (2) • 2. Nominativ und Akkusativ (1) • 3. Das Verb *mögen* • 4. *man* • 5. Das Fragewort *woher?* und die Präposition *aus*

Teste dein Deutsch: Wortschatz und Grammatik — Seite 26

Modul 3: Alltägliches — Seite 27

Lektion 1:	Kommunikation	Grammatik	Texte, Spiele, Lieder — Seite 28
Was isst du in der Pause?	• Was isst und trinkst du in der Pause? – Ich esse einen Apfel. Ich trinke einen Saft. • Möchtest du einen Joghurt? – Nein, keinen Joghurt. • Ich habe (keinen) Hunger / Durst. • Was nimmst du? • Was kostet …?	• Präsens von *essen* und *nehmen* • Akkusativ unbestimmter Artikel • Negation unbestimmter Artikel *kein, keine, kein*	• Artikelspiel • An der Wurstbude • Speisekarte • Lied: *Keinen Apfel, bitte!*

Lektion 2:			Seite 35
Meine Schulsachen	• Was hast du in deinem Mäppchen? • Brauchst du den Textmarker? • Was ist dein Lieblingsfach? • Wie findest du Mathe? • Was hast du am …?	• Präsens von *brauchen* und *finden* • Akkusativ bestimmter Artikel • Pluralbildung • Temporal-Ergänzung: *am Montag, …*	• Silbenrätsel • Buchstabenspiel • Artikelspiel • Tinas Stundenplan • Lied: *Hast du alles mit?*

drei 3

Lektion 3:	Kommunikation	Grammatik	Texte, Spiele, Lieder Seite 42
Was gibt es im Fernsehen?	• Siehst du gern fern? • Wie viele Stunden pro Tag? • Von wann bis wann? • Was gibt es im Fernsehen? – Es gibt … • Wann gibt es … ? • Was ist deine Lieblingssendung? • Wie findest du den Film? – Ich finde ihn lustig.	• Präsens von *sehen*: • *es gibt* + Akkusativ • Personalpronomen: Akkusativ 3. Person Singular + Plural • Uhrzeiten offiziell • Temporal-Ergänzung: *um 13.30 Uhr* • Fragewörter: *Wann? Um wie viel Uhr?* • Wortkombinationen	• Fernsehprogramm (Ausschnitt) • bekannte Fernsehsendungen • Fernsehsendungen auswählen • Adjektive finden
Lektion 4:			**Seite 49**
Um wie viel Uhr stehst du auf?	• Wie viel Uhr ist es? • Wie spät ist es? • Um wie viel Uhr stehst du auf? – Um halb acht. • Wohin gehst du am Montag? – Ich gehe ins Schwimmbad. • Was machst du am Sonntag? – Ich fahre nach München.	• Präsens von *fahren* • trennbare Verben • Fragewort: *Wohin?* • Präposition: *in* + Akkusativ • Uhrzeiten privat • Temporal-Ergänzungen mit *am, um* • temporale Fragewörter: *Wann? Wie lange? …*	• Tinas Tagesablauf • Tinas Wochenplan • der eigene Wochenplan • Interview mit Martina • Lied: *Was machst du um sieben Uhr?*

Wir trainieren … Seite 56

- hören: Kurzinterviews: Was stimmt?; Texte auf dem Anrufbeantworter
- lesen: Anzeigen am Schwarzen Brett: Was stimmt?; Pro und kontra Fernsehen: Was stimmt? Die Geschichte von Franz Tutnix: Fragen zum Text
- schreiben: Auf eine E-Mail antworten
- sprechen: Minidialoge mit Karten; Zickzack-Dialog

Grammatik Seite 62

1. Verben Präsens (3) • 2. es gibt • 3. Das Verb *brauchen* • 4. Nominativ und Akkusativ (2) • 5. Personalpronomen (3) • 6. Negation: *nicht / kein* (2) • 7. Plural • 8. Die Fragewörter *wo?, wohin?* und die Präposition *in* • 9. Trennbare Verben • 10. Temporal-Ergänzung mit *um, am* • 11. Temporale Fragewörter • 12. Die Uhrzeit

Teste dein Deutsch: Wortschatz und Grammatik Seite 69

Lösungen: Teste dein Deutsch Seite 70

Arbeitsbuch

Modul 2			Modul 3		
	Lektion 3	Seite 71		Lektion 1	Seite 91
	Lektion 4	Seite 78		Lektion 2	Seite 96
	Wortschatz	Seite 84		Lektion 3	Seite 103
				Lektion 4	Seite 110
				Wortschatz	Seite 118

MODUL 2

Bei uns zu Hause

- Namen von Haustieren
- Namen von Ländern und Sprachen
- Lieder auf Deutsch

Du lernst die Katze Mautzi und die Nachbarn von Familie Weigel kennen.

Modul 2 — Lektion 3

Mautzi, unsere Katze

Zu Hause haben wir eine Katze. Sie heißt Mautzi. Sie ist 4 Jahre alt. Sie ist sehr lieb. Sie mag Milch. Ich spiele gern mit Mautzi!

Ich mag Haustiere, aber ich habe leider keine. Ich möchte gern einen Hund oder ein Kaninchen haben!

1 Was sagen sie? Hör zu. ▶01

2 Lies laut und ergänze.

Bausteine

Tina sagt:
Zu Hause habe ich …
Sie heißt …
Sie ist 4 …
Sie ist …
Sie mag …
Ich spiele gern …

Brigitte sagt:
Ich mag …,
aber ich habe leider **keine**.
Ich möchte gern ein**en** …
oder ein …

3 Hör noch einmal Text 1. ▶02

4 Was weißt du über Mautzi? Fragt und antwortet.

Name: •••
Alter: •••
Wohnort: •••
Besondere Kennzeichen: •••

der Hund | die Katze | der Kanarienvogel | der Goldfisch

 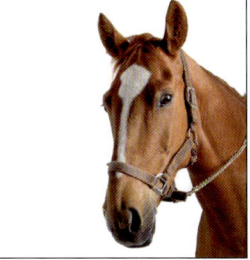  

die Kuh | das Pferd | die Maus | das Kaninchen

5 Wie heißen die Tiere? Hör zu und sprich nach. ▶03

6 Tier-Memory.

Kopier die Seite. Schneide die Spielkarten aus (✂). Viel Spaß!

der Hamster | der Papagei

sieben **7**

7 Welches Tier hörst du? ▶04

Nummer 1   a. Katze
Nummer 2   b. Kuh
Nummer 3   c. Hund
Nummer 4   d. Papagei
Nummer 5   e. Pferd
Nummer 6   f. Kanarienvogel

1	2	...
...	...	...

8 Welches Tier ist das?

1. Sie produziert viel Milch.
2. Sie macht: „Miau".
3. Er mag keine Katzen.
4. Er spricht und sagt: „Guten Tag!"
5. Er ist klein und gelb.
6. Es mag Salat und Karotten.
7. Es galoppiert.

AB S. 71 Ü. 1, 2

9 Reihenübung: Fragt und antwortet.

Hast du Haustiere? → Ja, ich habe einen Hund. Hast du Haustiere? → Nein, ich habe leider keine Haustiere. Hast du Haustiere? → Ja, ich habe zwei Goldfische. Hast du Haustiere? → Ja, ich habe eine Katze. Hast du Haustiere? → Ja, ...

Ich habe ...

einen / keinen	eine / keine	ein / kein	zwei, drei ... / keine
Hund	Katze	Kaninchen	Hunde
Goldfisch	Maus	Pferd	Goldfische
Hamster	Kuh		Hamster
Papagei			Papageien
Kanarienvogel			Kanarienvögel
			Katzen
			Mäuse
			Kühe
			Kaninchen
			Pferde

10 Immer ... Nein!

Hast du einen Hamster? → Nein, ich habe keinen Hamster. Hast du ein Pferd? → Nein, ich habe kein Pferd. Hast du ...?

Grammatik

Ich habe **(k)einen** Hund.
Du hast **(k)eine** Katze.
Er / Sie hat **(k)ein** Pferd.
Wir haben **keine** Tiere.

S. 71–73: Ü. 3, 4, 5, 6, 7

8 acht

11 Kartenspiel.

Vier spielen zusammen: Ihr braucht 20 Karten. Malt 10 Tiere, jedes Tier zweimal. Malt Punkte auf die Karten: blau = der, rot = die, grün = das. Ihr könnt auch farbige Karten nehmen.
Jeder bekommt 5 Karten. Sucht Kartenpaare.

So geht's:

Spielschluss:
Wer hat die meisten Kartenpaare?

12 Umfrage in der Klasse: Wie viele Tiere habt ihr?

Hunde	XXXXXXXX
Goldfische	XXX
Hamster	
Papageien	
Kanarienvögel	
Katzen	
Mäuse	
Kaninchen	
Pferde	

In meiner Klasse haben wir acht Hunde, keine Pferde, …

neun

Modul 2 – Lektion 3

13 Reihenübung: Fragt und antwortet.

Magst du Papageien? → Nein, ich mag keine Papageien.
Magst du Pferde? → Ja, ich mag Pferde sehr. Magst du …?

Grammatik

ich	mag
du	magst
er, sie, es	mag

14 Fragt und antwortet wie im Beispiel.

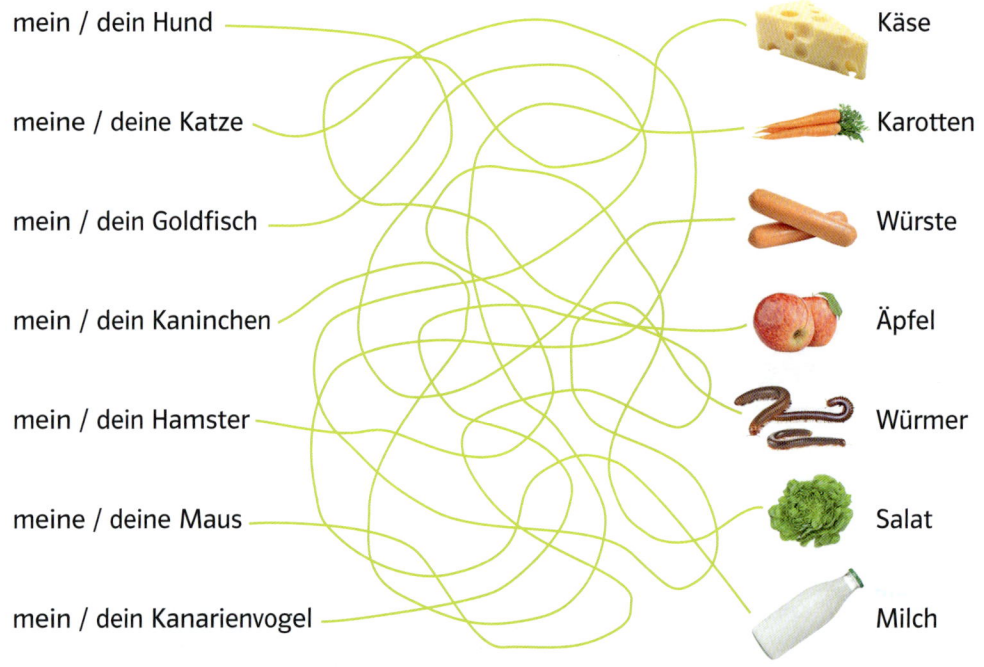

- mein / dein Hund
- meine / deine Katze
- mein / dein Goldfisch
- mein / dein Kaninchen
- mein / dein Hamster
- meine / deine Maus
- mein / dein Kanarienvogel

- Käse
- Karotten
- Würste
- Äpfel
- Würmer
- Salat
- Milch

● Was mag dein Hund?
● Mein Hund mag Würste.

▶ S. 73-74: Ü. 8, 9, 10, 11, 12

15 Hör zu. Was für Tiere haben sie? ▶05

Thomas

Franziska

ein Kaninchen
keine Haustiere
einen Hund
zwei Goldfische
eine Katze
einen Papagei
zwei Kanarienvögel

Karin

Jens

▶ S. 75-76: Ü. 13, 14, 15

10 zehn

16 Ein Märchen: Rotkäppchen.

Die Personen:

Rotkäppchen   die Mutter   der Wolf   die Oma   der Jäger

Text und Bild: Was passt zusammen?

a. Der Wolf im Bett der Oma.
b. Rotkäppchen und der Wolf im Wald.
c. Rotkäppchen und die Mutter zu Hause.
d. Der Wolf und der Jäger.
e. Der tote Wolf, der Jäger, die Oma und Rotkäppchen.

Schreib in dein Heft.

1	2	...
...	...	...

Wie ist die Reihenfolge der Bilder?

17 Hör zu. Ist deine Reihenfolge richtig? ▶07

Wortschatz wiederholen!

18 Hier sind 6 Tiere versteckt. Schreib sie mit dem Artikel in dein Heft.

Stuhundphokatzeamkpapageimwkanarienvogelpsrmauschokuhgrl

19 Wie heißt der Plural? Lies laut.

1. der Hund, die •••
2. das Pferd, die •••
3. der Kanarienvogel, die •••
4. das Kaninchen, die •••
5. der Hamster, die •••
6. die Katze, die •••
7. der Goldfisch, die •••
8. die Maus, die •••

20 Was mögen die Tiere? Schreib ganze Sätze in dein Heft.

Ein Goldfisch mag Würmer.

21 Lies laut.

12 zwölf

Aussprache! Hör gut zu und sprich nach! ▶08

- h: **H**und, **H**amster
- ä: Rotk**ä**ppchen, M**ä**dchen, K**ä**se
- ei: Papag**ei**, k**ei**n, m**ei**n
- ie: T**ie**re, w**ie**, W**ie**n
- äu: M**äu**se, H**äu**ser

- ch: ma**ch**en, a**ch**t
- ch: Kanin**ch**en, Mil**ch**
- sch: Fi**sch**, Ti**sch**
- v: **V**ogel, **v**on, **V**ater

Du kannst …

fragen

Hast du Haustiere?
Haben Sie Haustiere?

Magst du Tiere?
Mögen Sie Tiere?

auf Fragen antworten

☺ Ja, ich habe einen Hund, eine Katze, ein Kaninchen, zwei Goldfische, …
☹ Nein, ich habe keinen Hund, keine Katze, kein Kaninchen, …
… … …
☺ Ja, ich mag Tiere (sehr).
☹ Nein, ich mag keine Tiere.
… … …
Mein Hamster mag Karotten, meine Katze mag Milch, …

Wir singen: Hast du Tiere? ▶09

Hast du Tie-re? Ja, ja, ja, ja, ja, ja, ja, ja, ja!
Was für Tie-re hast du denn? Ich hab ei-nen Hund, wau!

Hast du Tiere?
Ja, ja, ja. Ja, ja, ja. Ja, ja, ja!
Was für Tiere hast du denn?
Ich hab' eine Kuh, muh!

Hast du Tiere?
Ja, ja, ja Ja, ja, ja Ja, ja, ja!
Was für Tiere hast du denn?
Ich hab' eine Katz', miau!

Modul 2 — Lektion 4: Die Nachbarn von Familie Weigel

Rafael Martinez ist der Nachbar von Familie Weigel.
Er kommt aus Spanien, und zwar aus Barcelona.
Er arbeitet schon 10 Jahre in Augsburg und spricht
perfekt Deutsch. Was macht Herr Martinez in
5 Augsburg? Er verkauft spanische Spezialitäten.
Er hat ein Restaurant im Zentrum: Es heißt
„Casa de Tapas". Herr Martinez hat zwei Kinder:
Fernando, 15, und Carmen, 12.
Das Leben in Deutschland gefällt ihm recht gut, aber
10 seine Frau möchte lieber in Spanien leben.

1 Lies den Text. Löse dann die Aufgaben a, b, c und d.

a. Was stimmt?
   Was stimmt nicht?
   Wo (in welcher Zeile) steht das im Text?

1. Herr Martinez wohnt in Barcelona.

2. Herr Martinez wohnt in Augsburg.

3. Herr Martinez spricht nur ein wenig Deutsch.

4. Herr Martinez hat ein Restaurant im Zentrum von Augsburg.

5. Das Restaurant von Herrn Martinez heißt „Casa de Tapas".

6. Herr Martinez hat zwei Söhne.

7. Herr Martinez lebt gern in Deutschland.

8. Frau Martinez lebt auch gern in Deutschland.

b. Ergänze.

Deutschland • möchte lieber • spricht • hat • hat • Restaurant • arbeitet • verkauft • wohnt • Nachbar

Herr Martinez ••• in Augsburg. Er ist der ••• von Familie Weigel. Er ••• schon 10 Jahre in Augsburg und ••• perfekt Deutsch. Er ••• ein ••• im Zentrum. Er ••• spanische Spezialitäten. Er ••• zwei Kinder. Herr Martinez lebt gern in •••, aber seine Frau ••• in Spanien wohnen.

c. Schreib den Text in dein Heft.

d. Wie heißen die Antworten? Schreib die Fragen und Antworten in dein Heft.

1. Wer ist Herr Martinez? •••
2. Kommt Herr Martinez aus Spanien? •••
3. Wo wohnt Herr Martinez? •••
4. Spricht Herr Martinez Deutsch? •••
5. Was macht Herr Martinez in Deutschland? •••
6. Wie viele Kinder hat er? Wie heißen sie? •••
7. Lebt Herr Martinez gern in Deutschland? •••
8. Wo möchte seine Frau lieber leben? •••

Herr Martinez, woher kommen Sie?

Ich komme aus Spanien, aus Barcelona.

2 Reihenübung: Jeder wählt eine Stadt. Fragt und antwortet wie im Beispiel.

Elisa, woher kommst du? → Ich komme aus Berlin. Und du, Laura? Woher kommst du? → Ich komme aus …

Frankfurt

Wien

München

Berlin

Hamburg

3 Autokennzeichen und Länder: Was gehört zusammen?

- A — Türkei
- I — Spanien
- CH — Deutschland
- GR — Portugal
- E — Polen
- F — England
- TR — Frankreich
- D — Italien
- P — Griechenland
- GB — Österreich
- PL — Schweiz

4 Woher kommen sie?

1 TR   2 F   3 GR

● Woher kommt Nummer 2?
● Nummer 2 kommt aus Frankreich.

4 E   5 D   6 A

Grammatik

Woher kommst du?	– **Aus** Deutschland.
Woher kommt er?	– **Aus der** Türkei.
Woher kommen Sie?	– **Aus** Portugal.
Woher kommt Jörg?	– **Aus der** Schweiz.

5 Länder-Memory.

Kopier die Seite und schneide die Spielkarten aus (✂). Viel Spaß!

Deutschland 	Österreich 
Deutsch 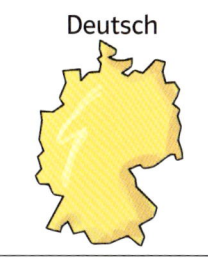	Deutsch 

Portugal 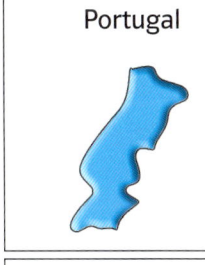	Spanien 	Frankreich 	Türkei 
Portugiesisch 	Spanisch 	Französisch 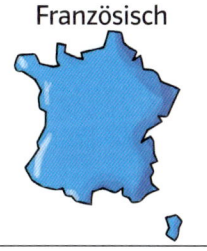	Türkisch 
Schweiz 	England 	Griechenland 	Polen 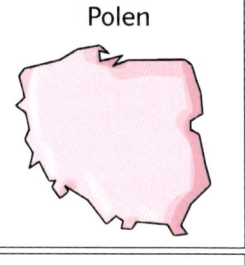
Deutsch Französisch Italienisch 	Englisch 	Griechisch 	Polnisch 

siebzehn 17

6 Was spricht man in …?

- Was spricht man in Deutschland?
- In Deutschland spricht man Deutsch.

Grammatik
In der Schweiz spricht man …
In England spricht man …

S. 78-80: Ü. 1, 2, 3, 4, 5, 6

7 Reihenübung: Fragt und antwortet.

Sprichst du Deutsch? → Ein wenig. Sprichst du Französisch? → Nein. Sprichst du … ?

Nicht sehr gut.   Ein wenig.   Ja.   Sehr gut.   Nein.

8 Fragt und antwortet wie im Beispiel.

E   F   A   D   P   TR   GR

1. Pedro   2. Denise   3. Lukas   4. Jakob   5. Dolores   6. Ali   7. Elektra

- Woher kommt Pedro?
- Er kommt aus Spanien.
- Was spricht er?
- Er spricht Spanisch.

Grammatik

ich	spreche
du	sprichst
er, sie, es	spricht

S. 80-81: Ü. 7, 8

9 Was passt zusammen? Spiel mit.

Schreibt die Fragen und die Antworten auf Karten. Bildet zwei Gruppen. Gruppe 1 bekommt die Frage-Karten, Gruppe 2 die Antwort-Karten. Jeder hat eine Karte und sucht seinen Partner. Das erste Paar gewinnt.

Was spricht Jakob?	Er spricht Deutsch.
Woher kommst du?	Ich komme aus Portugal.
Sprichst du Englisch?	Nein, nur Deutsch.
Was spricht man in der Schweiz?	Deutsch, Französisch und Italienisch.
Kommt Eva aus Österreich?	Nein, aus Deutschland.
Ich komme aus Berlin. Und du?	Ich auch.
Spricht Herr Kallia Griechisch?	Klar, er kommt aus Griechenland.

10 Sätze bauen.

Kopier die Seite. Schneide die Karten aus (✂). Misch die Karten und bau Sätze.
Wer am schnellsten die meisten Sätze baut, gewinnt. Viel Spaß!!

Ich	Elektra	Herr Dupont	Die Martinez
komme	kommt	kommen	kommt
aus Spanien	aus Athen	aus Italien	aus Paris
und	und	und	und
spricht	spreche	spricht	sprechen
Spanisch.	Griechisch.	Italienisch.	Französisch.

S. 82: Ü. 9

Modul 2
Lektion 4

neunzehn 19

11 Interviews: Hör zu. Wer ist das? Schreib die Informationen in dein Heft. ▶10

Er heißt
? Tobias
? Thomas
? Matthias

Sie heißt
? Karin
? Karola
? Christine

Er heißt
? Johann Meier
? John Martin
? James May

Er kommt aus
? Norddeutschland
? Süddeutschland
? Österreich

Sie kommt aus
? Deutschland
? Südtirol
? Österreich

Er kommt aus
? Deutschland
? England
? den USA

Er spricht
? nur Deutsch
? Deutsch und ein wenig Englisch
? Deutsch und Italienisch

Sie spricht
? nur Deutsch
? Deutsch und Italienisch
? nur Italienisch

Er spricht
? Deutsch
? nur Englisch
? Deutsch und Englisch

Er wohnt in
? Augsburg
? Salzburg
? Hamburg

Sie wohnt in
? München
? Meran
? Mainz

Er wohnt in
? Hamburg
? Edinburg
? Freiburg

Bild 1: Er heißt … Er kommt … Er …

▶ S. 82: Ü. 10

Wortschatz wiederholen!

12 Was weißt du über Herrn und Frau Martinez? Erzähl.

	wohnt			„Casa de Tapas".
	lebt			der Nachbar / die Nachbarin von Familie Weigel.
	arbeitet	gern	in	Zentrum von Augsburg.
Herr Martinez	kommt	ein wenig	im	Augsburg.
Frau Martinez	hat	sehr gut	aus	Barcelona.
	ist	nicht gern		ein Restaurant.
	verkauft			Deutsch.
	spricht			zwei Kinder.

13 Du kennst die Sprachen.

In Österreich und in Deutschland spricht man … / In der Schweiz … / In England … / In Portugal … / In der Türkei … / In Griechenland … / In …

▶12 Aussprache! Hör gut zu und sprich nach!

- **sp:** **sp**rechen, **Sp**rache, **Sp**anien
- **sch:** Italieni**sch**, Engli**sch**, Französi**sch**
- **tsch:** Deu**tsch**, **Tsch**üs
- **ah:** J**ah**r, f**ah**ren, w**ah**r
- **oh:** w**oh**nen, S**oh**n, K**oh**l
- **h:** wo**h**er, **h**ier**h**er, Wo**h**n**h**aus
- **z:** **Z**entrum, **Z**immer, **z**u

Du kannst …

fragen	*auf Fragen antworten*
Woher kommt Herr Martinez?	Er kommt aus Spanien. ✓
Woher kommst du?	Ich komme aus … ✓
Woher kommen Sie?	Ich komme aus … ✓
	… … …
Sprichst du Deutsch?	Nein. / Ja, ein wenig. / Nicht so gut. / Ja, sehr gut. ✓
Was spricht man in der Schweiz?	Deutsch, Französisch und Italienisch. ✓
	… … …
jemand vorstellen	Elektra kommt aus Griechenland. ✓
	Sie arbeitet und wohnt in München. ✓
	Sie spricht perfekt Deutsch. ✓

S. 83: Ü. 11, 12, 13

▶13 Wir singen: Sprechen Sie ein bisschen Deutsch?

Spre-chen Sie ein biss-chen Deutsch? Ja, ich spre-che sehr gut Deutsch. Kom-men Sie aus Ös-ter-reich? Nein, ich kom-me aus der Schweiz. Wo-her kom-men Sie ge-nau? Aus der Nä-he von Aa-rau!

Sprechen Sie ein bisschen Englisch? Nein, ich komme aus Australien.
Ja, ich spreche sehr gut Englisch. Woher kommen Sie genau?
Kommen Sie aus Großbritannien? Aus der Nähe von Cooktown.

Wir trainieren

1 Hör das Interview zweimal. Was stimmt? ▶14

1. Er heißt Andreas.
2. Er kommt aus Deutschland.
3. Er kommt aus Salzburg.
4. Seine Mutter wohnt in Wien.
5. Er hat viele Haustiere.
6. Er hat nur einen Hund.

2 Hör das Interview zweimal. Was stimmt? ▶15

1. Die neuen Nachbarn von Steffi heißen Richter.
2. Die Richters wohnen jetzt in Düsseldorf.
3. Frau Richter kommt aus England.
4. Frau Richter spricht nur Englisch.
5. Die Richters haben keine Kinder.
6. Herr Richter arbeitet in Frankfurt.

3 Ali stellt sich vor. Lies den Text.

Hallo! Ich heiße Ali, bin 15 Jahre alt und wohne in München. Ich komme aber aus der Türkei, aus Istanbul. Ich bin dort geboren. Mein Vater arbeitet jetzt hier in Deutschland. Ich spreche natürlich Türkisch, aber Deutsch spreche ich besser. Auch mein Vater spricht gut Deutsch. Ich habe viele Freunde hier in Deutschland.
In meiner Klasse sind auch Antonio aus Italien und Marec aus Polen. Wir sind Freunde.

Was stimmt?

1. Ali wohnt in Deutschland.
2. Der Vater von Ali wohnt in Istanbul.
3. Ali spricht nur Türkisch.
4. Der Vater von Ali spricht Deutsch.
5. Ali hat nicht viele Freunde.
6. Marec ist ein Freund von Ali.

schreiben
sprechen

4 Hier fehlen die Fragen. Schreib den ganzen Dialog in dein Heft.

1. ● … ?   ● Ich heiße Pierre Dupont.
2. ● … ?   ● Ja, ich komme aus Frankreich.
3. ● … ?   ● Nein, ich wohne nicht in Paris.
4. ● … ?   ● Ich wohne in Lyon.
5. ● … ?   ● Natürlich spreche ich Französisch.
6. ● … ?   ● Klar, meine Frau kommt aus Österreich.
7. ● … ?   ● Sie kommt aus Innsbruck.
8. ● … ?   ● Ja, wir haben zwei Kinder.
9. ● … ?   ● Natürlich! Sie sind zweisprachig!
10. ● …   ● Bitte sehr.

5 Stell Pierre Dupont vor. Schreib den Text in dein Heft.

Pierre Dupont kommt aus …

Beispiel:

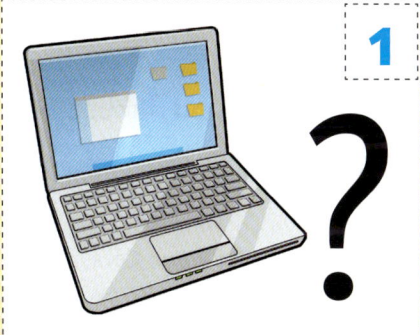

6 Bildet Gruppen.
Zieht eine Karte, zum Beispiel „Computer".
Sprecht zu zweit wie im Beispiel.

Karte: *Computer*

Mögliche Frage: *Hast du einen Computer?*
Mögliche Antwort: *Ja, ich habe einen Computer.*

Beispiel:

Thema: **Wohnen**   1

Nachbarn

7 Bildet Gruppen.
Zieht eine Karte, zum Beispiel „Nachbarn".
Sprecht zu zweit wie im Beispiel.

Karte: *Nachbarn*

Mögliche Frage: *Wie sind deine Nachbarn?*
Mögliche Antwort: *Sie sind sehr nett.*

dreiundzwanzig

Modul 2 Grammatik

Grammatik

1. Verben: Präsens (2)

Schau die Tabelle an.

		sprechen	arbeiten	
1.	ich	spreche	arbeite	Singular
2.	du	sprichst	arbeitest	Singular
3.	er, sie	spricht	arbeitet	Singular
1.	wir	sprechen	arbeiten	Plural
2.	ihr	sprecht	arbeitet	Plural
3.	sie	sprechen	arbeiten	Plural
4.	Sie	sprechen	arbeiten	höflich: Singular + Plural

● sprechen: = unregelmäßiges Verb; 2. und 3. Person: e → i

TIPP: Lern: ich spreche – du sprichst

Beachte: Verbstamm mit -t: → 2. und 3. Person Singular, 2. Person Plural mit e

2. Nominativ und Akkusativ (1)

a. Nominativ: Lies die Beispiele. Such das Subjekt.

Ein Kanarienvogel spricht nicht, **ein** Kanarienvogel singt.   **m** (maskulin)
Eine Katze trinkt keine Cola, **eine** Katze trinkt Milch.   **f** (feminin)
Hier ist **ein** Glas Wasser.   **n** (neutral)

Beachte: Das Subjekt ist im Nominativ: ein Kanarienvogel, eine Katze, ein Glas Wasser.

b. Akkusativ: Lies die Beispiele. Such das Objekt.

Ich habe **einen** Kanarienvogel und **eine** Katze.
Ich trinke **ein** Glas Milch.

Beachte: Das Objekt ist im Akkusativ: ein**en** Kanarienvogel, eine Katze, ein Glas Milch.
Nur Artikel maskulin hat eine besondere Form im Akkusativ: ein → ein**en**

c. Lies die Tabelle.

Unbestimmter Artikel:

	m	f	n
Nominativ	ein	eine	ein
Akkusativ	einen	eine	ein

d. Lies die Sätze laut. Übersetze danach die Sätze in deine Sprache.

Mein Zimmer ist sehr gemütlich. Es hat ● Sofa, ● Regal, ● Tisch und zwei Stühle.
Ich habe auch ● Computer.

3. Das Verb *mögen*

a. Lies die Beispiele und übersetze sie. Wie sagst du „ich mag" in deiner Sprache?

Ich mag Hunde. | Ich mag Rockmusik. | Ich mag Cola. | Ich mag keine Milch.

b. Schau die Tabelle an. Was fällt auf?

	mögen		
1.	ich	mag	Singular
2.	du	magst	
3.	er, sie	mag	
1.	wir	mögen	Plural
2.	ihr	mögt	
3.	sie	mögen	
4.	Sie	mögen	höflich: Singular + Plural

• mögen: = unregelmäßiges Verb

Ergänze die Regel:

1. Person und 3. Person sind •.

TIPP: Lern: ich mag – er mag – wir mögen

4. man

a. Lies die Beispiele. Wie sagt man „man" in deiner Sprache? Was bedeutet „man"?

In Portugal spricht **man** Portugiesisch. Was spricht **man** in der Schweiz?

b. Welche Form hat das Verb bei „man"? Lies laut.

In Österreich • man viel Kaffee,	trinken
man • dort Deutsch,	sprechen
aber man • auch viel Türkisch.	hören

5. Das Fragewort *woher*? und die Präposition *aus*

Lies die Beispiele. Übersetze in deine Sprache.

Woher kommst du? – Ich komme **aus** Deutschland.
– Ich komme **aus der** Türkei.

Lösungen für •:
❶ Es hat **ein** Sofa, **ein** Regal, **einen** Tisch … Ich habe auch **einen** Computer.
❷ 1. Person und 3. Person sind **gleich**.
❸ In Österreich **trinkt** man viel Kaffee, man **spricht** dort Deutsch, aber man **hört** auch viel Türkisch.

fünfundzwanzig **25**

Teste dein Deutsch!
Wortschatz und Grammatik

1 Notier 5 Haustiere mit Artikel.

2 Notier die Zimmer in deiner Wohnung mit Artikel.

3 Notier 5 Länder und 5 Sprachen.

4 Schreib 5 Fragen und Antworten.

Wer? Wo? Woher? Was? Wie?

wohnen heißen sein arbeiten kommen trinken

5 Wie heißen die Pluralformen?

der Apfel – die ••• , die Wurst – die ••• , der Kanarienvogel – die •••

6 Was passt hier?

a. ...1... Zimmer ist sehr schön. Es hat ...2... Bett, ...3... Tisch, ...4... Stühle, aber ...5... Sofa. Ich habe auch ...6... Haustiere, ...7... Hamster und ...8... Goldfische.

b. Herr Martinez kommt ...9... Barcelona, er ...10... schon viele Jahre ...11... Deutschland.
Er ...12... perfekt Deutsch. Frau Martinez ...13... lieber in Spanien leben. Die Familie Martinez hat ...14... Haustiere.

1 meine mein	2 ein eine	3 ein einen	4 einen zwei	5 keine kein	6 zwei ein	7 eine einen
8 eine –	9 in aus	10 arbeite arbeitet	11 in aus	12 sprecht spricht	13 möchte möchtet	14 kein keine

Selbstkontrolle

Du hast ...
... maximal 4 Fehler: SEHR GUT! Mach weiter so!
... 5 bis 8 Fehler: noch o.k. Aber du kannst es besser!
... mehr als 8 Fehler: Wiederhol die Übungen von Modul 2.

MODUL 3

Alltägliches

Du lernst …

- Essen und Getränke für die Pause benennen
- kleine Mahlzeiten bestellen
- nach dem Preis fragen
- die Namen von Schulsachen
- die Namen von Unterrichtsfächern
- die Namen der Wochentage
- die Namen von Fernsehsendungen
- die Uhrzeiten (offiziell, privat)
- deinen Stundenplan, deinen Tagesablauf und deinen Wochenplan beschreiben
- Lieder auf Deutsch

- andere fragen
Was isst du in der Pause?
Was möchtest du essen?
Hast du Hunger?
Hast du Durst?
Brauchst du die Schere?
Wie findest du die Sendung?
Wie viel Uhr ist es?
Um wie viel Uhr frühstückst du?
Wann fährst du zur Schule?

- auf Fragen antworten
Ich esse einen Apfel.
Ich möchte einen Joghurt.
Ja, ich habe Hunger.
Nein, ich habe keinen Durst.
Ja, (Nein), ich brauche sie (nicht).
Ich finde sie prima / langweilig / …
Es ist 22.00 Uhr.
Um 7.00 Uhr.
Um halb acht.

Du lernst Tinas Stundenplan, Tinas Tagesablauf und Tinas Wochenplan kennen.

Modul 3 — Lektion 1: Was isst du in der Pause?

1 Was sagen sie? Hör zu. ▶16

2 Lies und ergänze dabei.

Bausteine

Frau Weigel:	Stefan, was möchtest du in der Pause essen? Einen Apfel?
Stefan:	Nein, Mutti, … Ich esse lieber …
Frau Weigel:	Und du, Tina? Was …
Tina:	Nichts, ich …

3 Hör zu und sprich nach. ▶17

Ich esse ...   Ich trinke ...

einen — Kuchen, Schokoriegel, Joghurt, Apfel, Saft

eine — Banane, Birne, Cola, Tafel Schokolade, Limonade

ein — Käsebrot, Wurstbrot, Mineralwasser, Stück Torte

— Chips, Knäckebrote

4 Reihenübung: Fragt und antwortet.

Was isst du in der Pause? → Ich esse **einen Kuchen**. Und du? Was isst du in der Pause? → Ich esse **ein Käsebrot**. Und du? Was trinkst du in der Pause? → Ich trinke …

Grammatik

ich	esse
du	**isst**
er, sie, es	**isst**

neunundzwanzig

5 Blau, rot oder grün? Spiel mit.

6 Ich habe Hunger. Ich habe Durst.
Fragt und antwortet wie in den Beispielen a und b.

Ich habe Hunger. Ich esse …
Ich habe Durst. Ich trinke …

a. ● Hast du Hunger?
   ● Ja, ich habe Hunger. Ich esse …

b. ● Hast du Durst?
   ● Ja, ich habe Durst. Ich trinke …

7 Was isst …? Fragt und antwortet wie im Beispiel.

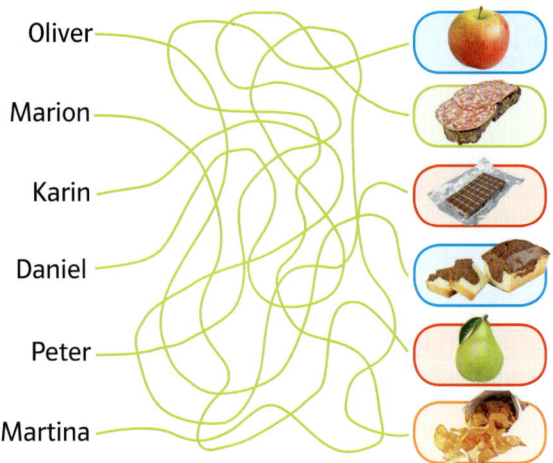

Oliver
Marion
Karin
Daniel
Peter
Martina

● Was isst Oliver?
● Er isst **einen Kuchen**.

Grammatik

Akkusativ
Ich esse **einen** Apfel.
Du isst **eine** Banane.
Er isst **ein** Wurstbrot.

S. 91: Ü 1, 2

30 dreißig

8 Immer ... Nein! Fragt und antwortet wie im Beispiel.

  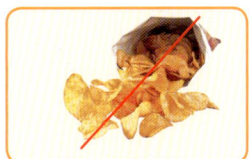 

- Möchtest du einen Joghurt?
- Nein, keinen Joghurt. Lieber eine Birne.

Grammatik

Ich esse keinen Joghurt.
Du isst keine Banane.
Er isst kein Käsebrot.
Er isst keine Chips.

S. 92: Ü. 3, 4, 5

9 Was passt zusammen? Spiel mit.

Schreibt die Fragen und die Antworten auf Karten. Bildet zwei Gruppen. Gruppe 1 bekommt die Frage-Karten, Gruppe 2 die Antwort-Karten. Jeder hat eine Karte und sucht seinen Partner. Das erste Paar gewinnt.

Was isst du in der Pause?	Ich esse einen Joghurt.
Möchtest du ein Käsebrot?	Nein, kein Käsebrot.
Möchtest du ein Stück Torte?	Ja, gerne!
Eine Banane?	Nein, lieber einen Apfel.
Was möchtest du trinken?	Eine Cola, bitte.
Eine Cola?	Nein, danke, keine Cola.
Was isst Klaus?	Er isst einen Schokoriegel.

einunddreißig

10 Was essen / trinken sie in der Pause? Schreib die Antworten in dein Heft. ▶18

Markus	a. Joghurt	d. Käsebrot	f. Banane
Eva	b. Schokoriegel	e. Knäckebrot	g. Saft
Bettina	c. Apfel		

Markus isst … / Eva … / Bettina …

▶ S. 92: Ü. 6

11 Hör zu. ▶19

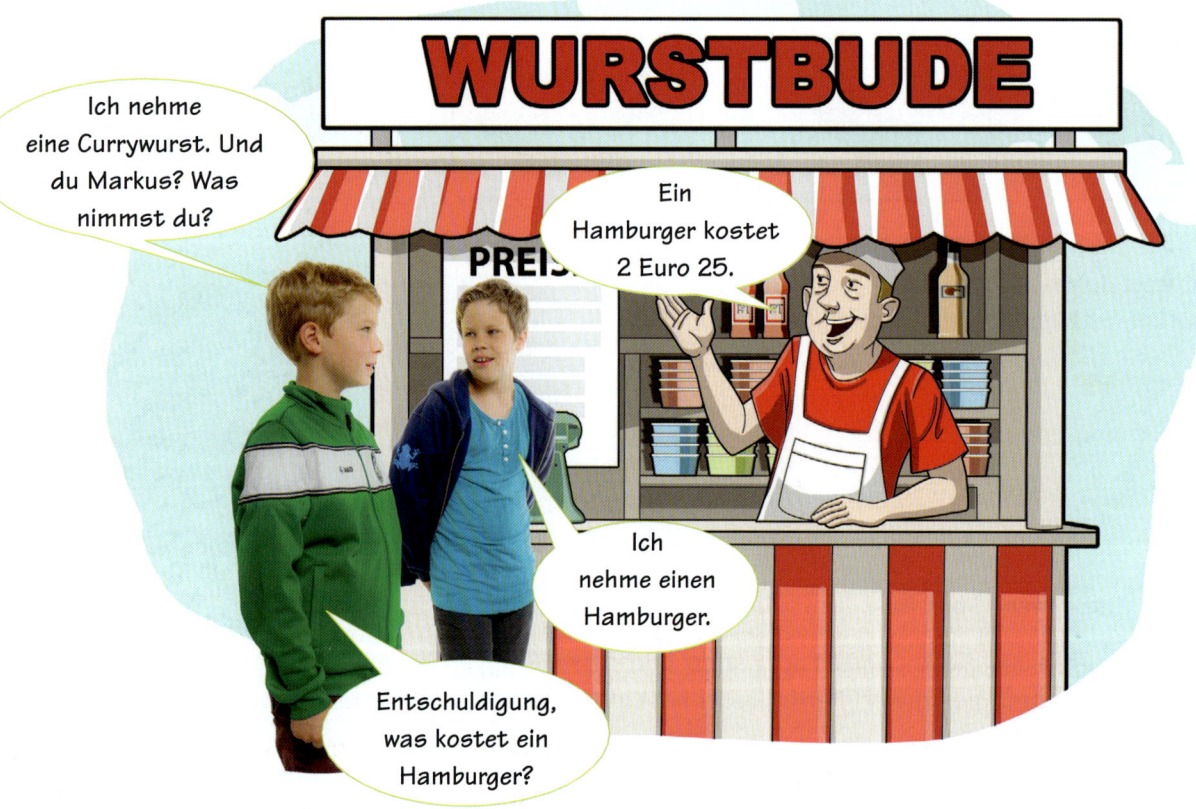

Ich nehme eine Currywurst. Und du Markus? Was nimmst du?

Ein Hamburger kostet 2 Euro 25.

Ich nehme einen Hamburger.

Entschuldigung, was kostet ein Hamburger?

Speisen

Gulaschsuppe	€ 2,35
Paar Würstchen mit Brot	€ 1,60
Currywurst	€ 1,70
Schinkenbrötchen	€ 1,30
Hamburger	€ 2,25
Stück Pizza	€ 2,00
Portion Pommes frites	€ 2,00
mit Ketchup	€ 2,20

Getränke

Dose Cola	€ 1,50
Dose Fanta	€ 1,50
Flasche Mineralwasser	€ 1,70
Tasse Kaffee	€ 1,80
Glas Tee	€ 1,30

12 Fragt und antwortet wie in den Beispielen a und b.

a. ● Was nimmst du?
   ● Ich nehme ein Paar Würstchen mit Brot.

b. ● Was kostet eine Gulaschsuppe?
   ● Sie kostet 2 Euro 35.

Grammatik

ich	nehme
du	nimmst
er, sie, es	nimmt

S. 93-94: Ü. 7, 8, 9

Wortschatz wiederholen!

13 Wie sagt man auf Deutsch?

Ich möchte einen / eine / ein …

14 Was passt zusammen? Spielt Minidialoge.
Es gibt mehrere Lösungen.

1. Möchtest du ein Käsebrot?
2. Was möchtest du trinken?
3. Ich habe Durst.
4. Ich möchte gern Chips.
5. Magst du Schokoriegel?
6. Isst du keinen Kuchen?

a. Ein Glas Limonade.
b. Warum trinkst du keine Cola?
c. Nicht so gern. Ich esse lieber Chips.
d. Ja, aber auch Äpfel.
e. Nein, danke. Ich habe keinen Hunger.
f. Ich auch.

▶20 Intonation! Hör gut zu und sprich nach!

● Was isst du in der Pause? ↗
● Ich esse ein Käsebrot. ↘

● Möchtest du einen Joghurt? ↗
● Nein, danke, keinen Joghurt. ↘

● Was nimmst du? ↗
● Ich nehme eine Currywurst. ↘

● Was kostet ein Hamburger? ↗
● Ein Hamburger kostet 2 Euro 25. ↘

dreiunddreißig

Du kannst …

fragen	*auf Fragen antworten*	
Was möchtest du in der Pause essen?	Ich esse einen Apfel.	✓
Und was möchtest du trinken?	Ich trinke eine Cola.	✓
	… … …	
Isst du einen Apfel?	Nein, ich esse keinen Apfel.	✓
Trinkst du eine Cola?	Nein, ich trinke keine Cola.	✓
	… … …	
Möchtest du einen Hamburger?	Nein, ich nehme lieber eine Currywurst.	✓
Was kostet eine Currywurst?	1 Euro 70.	✓
	… … …	
Möchtest du (et)was essen?	Ja, gern. Ich habe Hunger.	✓
Und auch (et)was trinken?	Nein, danke. Ich habe keinen Durst.	✓
	… … …	
Isst du lieber Bananen oder Äpfel?	Ich esse lieber Bananen.	✓

S. 95: Ü. 10, 11

▶21 Wir singen: Keinen Apfel, bitte!

Kei - nen Ap - fel, Mut - ti, bit - te sehr, kei - nen Jo - ghurt, Mut - ti, bit - te sehr! Was isst du denn? Was trinkst du denn? Was isst du denn? Was trinkst du denn? Ei - nen Scho - ko - rie - gel, Mut - ti, den ess' ich so gern! Ei - nen Scho - ko - rie - gel, Mut - ti, den ess' ich so gern!

Meine Schulsachen

Lektion 2

Modul 3

der
- Bleistift
- Kugelschreiber
- Spitzer
- Radiergummi
- Textmarker
- Filzstift

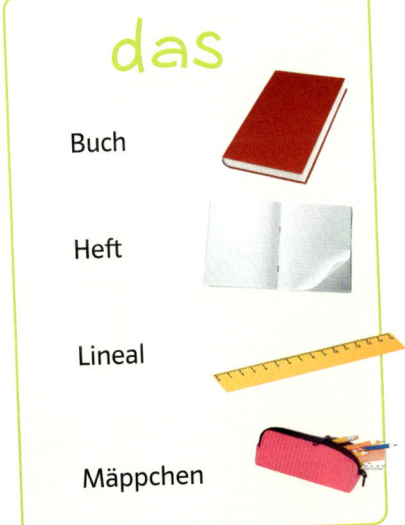

das
- Buch
- Heft
- Lineal
- Mäppchen

die
- Schultasche
- Schere
- Mappe
- Landkarte

1 Hör zu und sprich nach. ▶22

2 Bau die Wörter wieder zusammen. Wie heißt der Artikel?

blei – mäpp – buch – marker – zer – stift – kugel – li – re – schul – land – tasche – heft – sche – spit – pe – schreiber – chen – karte – radier – neal – stift – gummi – filz – map – text

die Mappe, …

3 Finde gleiche Pluralformen.

ein Spitzer – zwei Spitzer
ein Textmarker – zwei …

…

ein Bleistift – zwei Bleistifte
ein Lineal – …

…

eine Schere – …

die (zwei, drei …)
- Bücher
- Hefte
- Bleistifte
- Filzstifte
- Lineale
- Kugelschreiber
- Mäppchen
- Textmarker
- Spitzer
- Landkarten
- Mappen
- Scheren
- Schultaschen
- Radiergummis

fünfunddreißig

4 Buchstabenspiel.

3 bis 4 Personen sind eine Gruppe. Schreibt die Wörter auf Karten.

BLEISTIFT   SPITZER   HEFT   TEXTMARKER   SCHERE   BUCH
MÄPPCHEN   LINEAL

Schneidet die Karten durch (✂). Mischt die Buchstaben.

S P I T Z E R   S C H E R E ...

Der Lehrer / Die Lehrerin sagt ein Wort. Ihr legt schnell das Wort. Wer ist zuerst fertig?

5 Blau, rot oder grün? Spiel mit.

6 Was hast du in deinem Mäppchen? Schreib 4 Listen in dein Heft.

Ich habe ...

| einen ... | eine ... | ein ... | zwei, drei ... |

7 Reihenübung: Fragt und antwortet wie in den Beispielen.

a.
Was hast du in deinem Mäppchen? → Ich habe drei Kugelschreiber,
zwei Bleistifte, einen Textmarker und ein Lineal.
Und was hast du in deinem Mäppchen?
→ Ich habe eine Schere, …

b.
Wie viele Kugelschreiber hast du? → Ich habe drei Kugelschreiber.
Wie viele Bücher hast du? → Ich habe zwei Bücher. Wie viele …

8 Wie viele … hat Stefan in seiner Schultasche? Schreib die Antworten auf. ▶23

Bücher
Hefte
Spitzer
Bleistifte

Kugelschreiber
Textmarker
Lineale
Mappen

Stefan hat ••• Bücher, ••• Hefte, •••

S. 96: Ü. 1, 2

9 Fragen und Antworten. Übt zu zweit.

Brauchst du den Radiergummi?
→ Ja, den brauche ich.
→ Nein, den brauche ich nicht.

Brauchst du die Schere?
→ Ja, die brauche ich.
→ Nein, die brauche ich nicht.

Brauchst du das Lineal?
→ Ja, das brauche ich.
→ Nein, das brauche ich nicht.

Brauchst du die Bücher?
→ Ja, die brauche ich.
→ Nein, die brauche ich nicht.

siebenunddreißig

10 Wer sucht was? Fragt und antwortet wie im Beispiel.

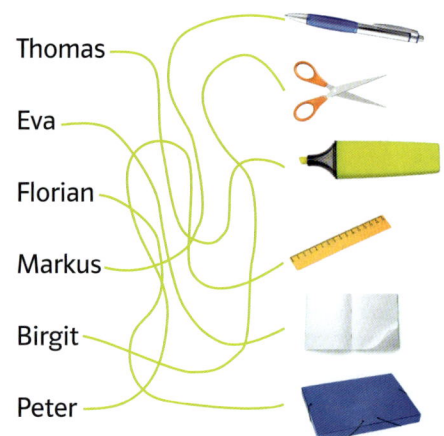

Grammatik

Nominativ	Akkusativ
der Spitzer	Ich suche **den** Spitzer.
die Tasche	Ich suche **die** Tasche.
das Lineal	Ich suche **das** Lineal.
die Bücher	Ich suche **die** Bücher.

- Was sucht Thomas?
- Thomas sucht **den** Textmarker.

S. 97-98: Ü. 3, 4, 5, 6

11 Lies Tinas Stundenplan.

Tinas Stundenplan

Montag	Dienstag	Mittwoch	Donnerstag	Freitag
Deutsch	Französisch	Deutsch	Musik	Kunst
Mathematik	Französisch	Deutsch	Musik	Kunst
Sport	Religion	Mathematik	Geschichte	Biologie
Sport	Englisch	Mathematik	Erdkunde	Mathematik
Erdkunde	Geschichte	Englisch	Englisch	Deutsch
Biologie	Deutsch	Geschichte	Französisch	Informatik

12 Mach zwei Listen in deinem Heft.

Diese Fächer erkenne ich:	
Deutsch:	Meine Sprache:
Englisch	...

Diese Fächer erkenne ich nicht:	
Deutsch:	Meine Sprache:
...	...

13 Reihenübung: Fragt und antwortet.

Was ist dein Lieblingsfach? → Mein Lieblingsfach ist Musik. Was ist dein Lieblingsfach? → Mein Lieblingsfach ist …

S. 99–100: Ü. 7, 8, 9

14 Fragen und Antworten: Übt zu zweit.

a.
- Was hat Tina am Montag?
- Am Montag hat sie Deutsch, Mathematik, Sport, Erdkunde und Biologie.

b.
- Wann hat Tina Deutsch?
- Am Montag, am Dienstag, am Mittwoch und am Freitag.

Am Samstag habe ich keine Schule!

Grammatik
am Montag
am Dienstag
…

S. 100: Ü. 10

15 Wie findest du … ?

Tina, wie findest du Mathe?

Mathe finde ich langweilig!

Fragt und antwortet in der Klasse.

Grammatik
ich   finde
du   find**e**st
er, sie, es   find**e**t

+
prima
super
toll
interessant

−
langweilig
doof
uninteressant
schwer

S. 100: Ü. 11, 12

neununddreißig

Modul 3 · Lektion 2

16 Welche Fächer mag Tina? Welche Fächer mag sie nicht? ▶24

	+	−
Erdkunde	●	●
Englisch	●	●
Französisch	●	●
Geschichte	●	●
Deutsch	●	●
Sport	●	●
Musik	●	●
Mathe	●	●

▶ S. 101: Ü. 13

Wortschatz wiederholen!

17 Erkennst du die Fächer? Schreib die Wörter in dein Heft.

a. tueshcd
b. amkitmaeth
c. tegechschi
d. glinehsc
e. uiskm
f. tikinmarfo

18 Wie heißen die Wochentage? Schreib in dein Heft.

19 In der Schule. Schreib die Antworten in dein Heft.

a. Wann hast du Deutsch?
b. Magst du Deutsch?
c. Wann hast du Sport?
d. Wann hast du Mathematik?
e. Hast du am Samstag Unterricht?
f. Welche Sprachen lernst du?
g. Was sind deine Lieblingsfächer?
h. Wie findest du Erdkunde?
i. Was macht ihr in Kunst?
j. Gehst du gern in die Schule?

▶26 **Intonation!** Hör gut zu und sprich nach!

● Was hast du in deinem Mäppchen? ↗
○ Ich habe einen Spitzer und drei Kugelschreiber. ↘

● Was suchst du? ↗
○ Ich suche das Lineal. ↗

● Brauchst du den Textmarker? ↗
○ Nein, den brauche ich nicht. ↘

● Wie findest du Mathe? ↘
○ Ich finde Mathe langweilig. ↘

40 vierzig

Du kannst …

deine Schulsachen benennen ✓
deinen Stundenplan schreiben ✓
die Wochentage nennen ✓

… … …

fragen	auf Fragen antworten	
Brauchst du den Textmarker?	Ja, den brauche ich.	✓
Brauchst du die Schere?	Ja, die brauche ich.	✓
Brauchst du das Lineal?	Nein, das brauche ich nicht.	✓
Brauchst du einen Radiergummi?	Nein, ich brauche keinen Radiergummi.	✓

… … …

Wie findest du Biologie?	Ich finde Biologie super / langweilig / …	✓
Was sind deine Lieblingsfächer?	Musik und Sport. / …	✓

S. 101-102: Ü. 14, 15, 16, 17, 18, 19

▶27 **Wir singen: Hast du alles mit?**

Hast du al-les mit? Die Bü-cher und das Ma-the-heft?
Ja, die Bü-cher ha-be ich, das Ma-the-heft ist auch da-bei.
Ja, ich ha-be al-les mit. Mut-ti, auf Wie-der-sehen!

Hast du alles mit?
Den Spitzer und den Bleistift?
Ja, den Spitzer habe ich,
der Bleistift ist auch dabei.
Ja, ich habe alles mit.
Mutti, auf Wiedersehen.

Hast du alles mit?
Die Hefte und das Deutschbuch?
Nein, die Hefte hab' ich nicht,
das Deutschbuch ist auch nicht da.
Nein, das habe ich vergessen.
Mutti, danke schön.

einundvierzig 41

Modul 3 · Lektion 3 · Was gibt es im Fernsehen?

ARD	ZDF	KIKA
8.00 Checker Can	7.00 Wickie … und die starken Männer	9.45 Eene Meene Bu – und dran bist du
8.25 neuneinhalb	7.45 Das Dschungelbuch	9.55 Oli's Wilde Welt
8.35 Ein Fall für B.A.R.Z.	8.35 Bibi Blocksberg	10.10 3, 2, 1 … keins! – Das OLI-Quiz
9.50 neuneinhalb	9.25 Bibi und Tina	10.20 Tanzalarm!
10.00 Tageschau	9.50 Peter Pan – neue Abenteuer	10.45 Tigerenten Club
10.03 Mama ist unmöglich!	10.10 Pippi Langstrumpf	11.45 Geronimo Stilton
10.30 Storm – Sieger auf vier Pfoten	11.00 heute	12.30 Tim und Struppi
12.03 Verrückt nach Meer	11.05 Die Küchenschlacht – der Wochenrückblick	12.55 Die fantastische Welt von Gumball
12.45 Lust auf Deutschland	13.05 heute	13.20 Garfield
13.30 Pfarrer Braun	13.10 Zwei Ärzte sind einer zu viel	13.45 motzgurke.tv
15.00 Tageschau	14.40 Sport extra	14.10 Schloss Einstein
15.03 Tim Mälzer kocht!	17.05 Länderspiegel	15.00 Das Geheimnis des Magiers
16.00 16 x Deutschland Menschen – Orte – Geschichten	17.45 Menschen – das Magazin	16.25 Chi Rho – das Geheimnis
18.00 Sportschau	18.00 ML Mona Lisa	17.35 Kailerei
		18.00 Raymond
		18.15 Tabaluga

1 Lies das Fernsehprogramm. Welche Sendungen kennst du?

2 Antworte.

Bist du ein Fernsehfan?

Siehst du gern fern?

Wie viele Stunden pro Tag siehst du fern?

Von wann bis wann?

3 Mach eine Umfrage in deiner Klasse.

Name	Sieht er/sie gern fern?	Wie viele Stunden pro Tag?	Von wann bis wann?
Elisa	ja	2	18.00 – 20.00 Uhr
Boris	nicht so gern	½	19.00 – 19.30 Uhr
…	…	…	…

4 Berichte über die Umfrage oben.

Elisa sieht gern fern. Sie sieht zwei Stunden pro Tag fern, und zwar von 18.00 bis 20.00 Uhr. Boris sieht nicht so gern fern. Er sieht …

Grammatik
- Von wann bis wann?
- Von achtzehn bis zwanzig Uhr.

5 Erkennst du die Sendung? Ordne zu.

a. der Krimi, -s
b. das Kulturprogramm, -e
c. die Zeichentrickserie, -n
d. die Nachrichten
e. der Film, -e
f. die Sportsendung, -en
g. der Dokumentarfilm, -e
h. die Quizshow, -s

1	2	…
…	…	…

6 Zur Kontrolle: Hör zu und sprich nach. ▶28

S. 103: Ü. 1, 2

Ich sehe gern Filme und Sportsendungen. Und du? Was siehst du gern?

7 Reihenübung: Fragt und antwortet.

Ich sehe gern Quizshows. Was siehst du gern?
→ Ich sehe gern Sportsendungen. Was siehst du gern? → Ich sehe gern …

Grammatik

ich	sehe
du	si**eh**st
er, sie, es	si**eh**t

8 Welche Sendung ist das? Spielt Minidialoge wie im Beispiel.

a. *Polizeiruf 110*
b. *ZDF-Expedition: Mount Everest*
c. *Titanic*
d. *Treffpunkt Kultur*
e. *Sportstudio*
f. *Garfield*
g. *Wer wird Millionär?*
h. *Tagesschau*

1. Film
2. Quizshow
3. Dokumentarfilm
4. Sportsendung
5. Nachrichten
6. Krimi
7. Kulturprogramm
8. Zeichentrickserie

● Titanic. Was ist das?
● Das ist ein Film.

Meine Lieblingssendung ist Schloss Einstein. Was ist deine Lieblingssendung?

S. 104-106: Ü. 3, 4, 5, 6

9 Wie findest du die Sendung? Spielt Minidialoge.

Komödie
Dokumentarfilm
Kulturprogramm
Sportsendung
Konzert
Film
Talkshow
Krimi
Nachrichten

toll
interessant
uninteressant
lustig
blöd
langweilig
unterhaltsam
informativ
spannend

Tina, wie findest du den Film?

Ich finde ihn spannend.

Grammatik

der Film	Ich finde **ihn** spannend.
die Serie	Ich finde **sie** lustig.
das Programm	Ich finde **es** langweilig.
die Nachrichten	Ich finde **sie** interessant.

S. 106–107: Ü. 7, 8, 9

10 Uhrzeiten offiziell: Hör zu und sprich nach. ▶29

09:00	neun Uhr
12:00	zwölf Uhr
08:30	acht Uhr dreißig
14:30	vierzehn Uhr dreißig
10:15	zehn Uhr fünfzehn
20:15	zwanzig Uhr fünfzehn
09:45	neun Uhr fünfundvierzig
18:45	achtzehn Uhr fünfundvierzig

fünfundvierzig

**Modul 3
Lektion 3**

11 Lies das Fernsehprogramm. Mach dann die Aufgaben 12, 13 und 14.

13.00	*Mittagsmagazin*, Nachrichten
14.00	*Garfield*, Zeichentrickserie
14.30	*Der Sheriff von Texas*, Film
16.15	*Sportschau*
17.00	*Universum*, Dokumentarfilm
18.05	*SOKO Köln*, Krimiserie
19.00	*heute*, Nachrichten
19.30	*Die Bergretter*, Dramaserie
20.15	*Wetten, dass …?* Fernsehshow
22.45	*Das blaue Sofa*, Kulturprogramm

12 Wann gibt es …?

Mach vier Listen in deinem Heft.
Schreib die Sendungen von 11 in die richtige Liste.

Grammatik

es gibt + Akkusativ

Wann gibt es …

| einen Film, … | eine … | ein … | – … | ? |

13 Fragt und antwortet wie in den Beispielen.

a.
● Wann gibt es eine Sportsendung?
○ Um 16.15 Uhr.

b.
● Was gibt es um 19.30 Uhr?
○ Es gibt *Die Bergretter*, eine Dramaserie.

▶ S. 107–108: Ü. 10, 11, 12

14 Wann beginnen die Sendungen? ▶30

Was?

a. *Notting Hill*, amerikanischer Spielfilm
b. *Das Glücksrad*, Quizshow
c. *Sport am Montag*
d. *Tagesthemen*, Nachrichten aus der Welt
e. *Hallo Deutschland*, Kulturprogramm

Wann?

18.50
20.15
22.10
19.30
21.30

Sendung	e.	a.	…
Uhrzeit	18.50	…	…

▶ S. 108: Ü. 13

Wortschatz wiederholen!

15 Wie heißen die Sendungen? Wie viele Kombinationen findest du?

Sport-
Nachrichten-
Krimi-
Dokumentar-
Quiz-
Zeichentrick-
Spiel-
Mittags-
Talk-

die Serie
der Film
die Sendung
die Show
die Schau
das Magazin

die Sportsendung, die Sportschau, …

16 Wie viel Uhr ist es?

17 Wie findest du die Sendung? Hier sind 11 Adjektive versteckt. Mach zwei Listen in deinem Heft.

alrinteressantcdeblödwxrlustigrtulangweiliggfi
kjhunterhaltsamoiinformativxcüspannendäeb
xsetollzvcuninteressantnlmnettjumdoofxyb

18 Was passt zusammen? Spielt Minidialoge.

1. Hast du das Fersehprogramm?
2. Was gibt es denn heute Abend?
3. Dokumentarfilme sind langweilig.
4. Gibt es keinen Krimi?
5. Ich sehe die Tagesthemen gern.
6. Der Zeichentrickfilm ist toll.
7. Was ist denn *Wetten, dass …?*
8. Ich sehe heute nicht fern.

a. Das ist eine Fernsehshow.
b. Es gibt aber ein gutes Kulturprogramm.
c. Ich auch. Sie sind sehr informativ.
d. Ja, hier liegt es, auf dem Tisch.
e. Findest du?
f. Einen Dokumentarfilm, einen Krimi, …
g. Nein, leider nicht.
h. Ich finde ihn blöd.

siebenundvierzig

▶32 **Intonation!** *Hör gut zu und sprich nach!*

- Siehst du gern fern? ↗
- Ja, ich sehe sehr gern fern. ↘

- Was ist deine Lieblingssendung? ↘
- Meine Lieblingssendung ist *Schloss Einstein*. ↘

- Was gibt es im Fernsehen? ↗
- Es gibt einen Krimi. ↘

- Wie findest du den Film? ↘
- Ich finde ihn lustig. ↘

- Wann gibt es Nachrichten? ↗
- Um 21.45 Uhr (einundzwanzig Uhr fünfundvierzig). ↗

Du kannst …

fragen	auf Fragen antworten	
Siehst du gern fern?	Ja, ich sehe gern fern.	✓
	Nein, ich sehe nicht so gern fern.	✓
Wie viele Stunden siehst du fern?	Eine Stunde, zwei Stunden, …	✓
Was gibt es im Fernsehen?	Um 20.00 Uhr gibt es Nachrichten, um 20.15 Uhr einen Film.	✓
Wann gibt es *Schloss Einstein*?	Um 14.10 Uhr.	✓
Was ist deine Lieblingssendung?	Meine Lieblingssendung ist *Wer wird Millionär*?	✓
Was siehst du besonders gern?	Die *Sportschau*.	✓
Wie findest du den Film / die Sendung / das Programm?	Ich finde ihn / sie / es lustig / toll, …	✓
Wie viel Uhr ist es?	Es ist zwanzig Uhr fünfzehn (20.15).	✓

▶ S. 109: Ü. 14, 15, 16

Um wie viel Uhr stehst du auf?

Lektion 4

Modul 3

zwei Uhr → Viertel nach zwei → zwanzig nach zwei → fünf vor halb drei → halb drei → fünf nach halb drei → Viertel vor drei → zehn vor drei → drei Uhr

Wie viel Uhr ist es? Wie spät ist es?

1 Uhrzeiten privat: Hör zu und sprich nach. ▶33

2 Welche Uhr zeigt welche Zeit?

a. Es ist Viertel vor vier.
b. Es ist halb zehn.
c. Es ist fünf nach halb drei.
d. Es ist acht Uhr.
e. Es ist zehn vor zwölf.
f. Es ist fünf nach sechs.

S. 110-111: Ü. 1, 2, 3

neunundvierzig 49

Wir singen: Was machst du um sieben Uhr?

Was machst du um sie-ben Uhr? Was machst du um sie-ben Uhr?
Ich steh' auf, geh' in die Kü-che, hö-re Ra-dio und früh-stü-cke.
Und was machst du um halb acht? Na, was machst du um halb acht?
Ich fahr' mit dem Bus zur Schu-le, und ich bleib' dort bis halb zwei.

Und was machst du nach der Schule?
Na, was machst du nach der Schule?
Immer Hausaufgaben machen,
ab und zu mal auch fernsehen.

Gehst du schwimmen, spielst du Tennis?
Treibst du manchmal auch Sport?
Tennis spielen tu' ich schon,
Das find' ich so wunderschön!

3 Tinas Tagesablauf.

Lies den Text und mach dann Übung 4.

1. Tina steht jeden Tag um 7.00 Uhr auf. Sie geht zunächst ins Bad. Dann geht sie in die Küche und frühstückt. Sie trinkt ein Glas Milch und isst Brot mit Butter und Marmelade.

2. Um 7.30 Uhr fährt Tina mit dem Bus zur Schule. Der Unterricht fängt um 8.10 Uhr an. Um 13.20 Uhr ist die Schule aus und Tina fährt nach Hause zurück.

3. Um 14.30 Uhr, nach dem Mittagessen, lernt Tina für die Schule. Dann ruft sie Brigitte an. Zweimal pro Woche, um 17.00 Uhr, geht sie in den Tennisclub. Sie spielt schon gut Tennis.

4. Um 19.00 Uhr isst Familie Weigel zu Abend. Nach dem Essen sieht Tina bis 21.30 Uhr fern. Dann geht sie schlafen.

4 Antworte.

1. Um wie viel Uhr steht Tina auf? – Um …
2. Um wie viel Uhr fährt Tina zur Schule? – Um …
3. Um wie viel Uhr fängt der Unterricht an? – Um …
4. Wie viele Stunden bleibt Tina in der Schule? – …
5. Was macht Tina um 13.20 Uhr? – Sie …
6. Was macht Tina am Nachmittag? – Sie …
7. Um wie viel Uhr isst sie zu Abend? – Um …
8. Was macht sie nach dem Abendessen? – Sie …

Grammatik
ich	fahre
du	fährst
er, sie, es	fährt

5 Was passt zusammen? Spielt Minidialoge wie im Beispiel.

Wann?
1. 7.00 Uhr
2. 7.30 Uhr
3. 8.10 Uhr
4. 13.20 Uhr
5. 14.30 Uhr
6. 17.00 Uhr
7. 19.00 Uhr
8. 20.45 Uhr
9. 21.30 Uhr

Was?
a. Tina macht Hausaufgaben.
b. Tina sieht fern.
c. Tina geht in den Tennisclub.
d. Tina steht auf.
e. Tina geht ins Bett.
f. Tina isst mit Vati, Mutti und Stefan zu Abend.
g. Tina fährt zur Schule.
h. Tina ist in der Schule und der Unterricht fängt an.
i. Tina fährt nach Hause zurück.

● Was macht Tina um 8.10 Uhr (zehn nach acht)?
● Um 8.10 Uhr (zehn nach acht) ist Tina in der Schule und der Unterricht fängt an.

Grammatik
auf**stehen**	Ich **stehe auf**.
an**fangen**	Der Unterricht **fängt** um 8.00 Uhr **an**.
fern**sehen**	Tina **sieht** bis 21.30 Uhr **fern**.
an**rufen**	Tina **ruft** Brigitte **an**.

S. 111–112: Ü. 4, 5, 6, 7

6 Wie läuft dein Tag ab? Erzähle.

- Um wie viel Uhr stehst du auf?
- Wann frühstückst du?
- Was isst du zum Frühstück?
- Wann fährst du zur Schule?
- Um wie viel Uhr ist die Schule aus?
- Wie lange bleibst du in der Schule?
- Was machst du um 15.00 Uhr?
- Wann kommst du nach Hause zurück?
- Siehst du fern?
- Treibst du Sport?
- Wann isst du zu Abend?
- Um wie viel Uhr gehst du schlafen?

Ich stehe um … Uhr auf. Zum Frühstück esse ich …

➤ S. 113-114: Ü. 8, 9

7 Lies Tinas Wochenplan und mach dann Übung 8.

Tinas Wochenplan

	Montag	Dienstag	Mittwoch	Donnerstag
Vormittag	Schule	Schule	Schule	Schule
Nachmittag	ins Schwimmbad gehen	zu Brigitte gehen	in den Tennisclub gehen	zu Hause bleiben, für Klassenarbeit lernen

	Freitag	Samstag	Sonntag
Vormittag	Schule	ausschlafen	Fahrt nach München: Tante Eva besuchen
Nachmittag	in den Tennisclub gehen, Brigitte anrufen	mit Vati, Mutti und Stefan ins Kino gehen	

52 zweiundfünfzig

8 Fragt und antwortet wie in den Beispielen.

a. ● Was macht Tina am Sonntag?
   ● Am Sonntag fährt sie nach München.

b. ● Geht Tina am Montag zu Brigitte?
   ● Nein, am Montag geht sie ins Schwimmbad.

c. ● Wohin geht Tina am Mittwoch?
   ● Am Mittwoch geht Tina in den Tennisclub.

Grammatik

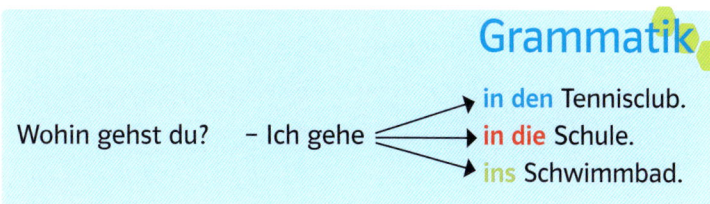

Wohin gehst du? – Ich gehe → **in den** Tennisclub.
→ **in die** Schule.
→ **ins** Schwimmbad.

9 Wohin geht Stefan diese Woche? ▶36

1. am Montagnachmittag   a. ins Kino
2. am Freitagnachmittag   b. ins Restaurant
3. am Donnerstagnachmittag   c. auf den Sportplatz
4. am Samstagabend   d. ins Schwimmbad
5. am Dienstagnachmittag   e. in den Park
6. am Sonntagmorgen   f. in die Sprachschule
7. am Mittwochabend   g. in die Kirche

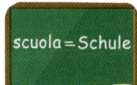

1	2
…	…

Grammatik

Wann geht er ins Kino? – **Am** Samstagabend.
Um wie viel Uhr? – **Um** acht Uhr.

▶ S. 114-115: Ü. 10, 11, 12

10 Wie ist dein Wochenplan? Was machst du in der Woche?

Mal den Wochenplan in dein Heft. Markier dann die Kästchen mit Farbe (Aktivitäten).

Uhrzeit	1	2	3	4	5	6	7	8	9	10	11	12	13	14	15	16	17	18	19	20	21	22	23	24
Montag																								
Dienstag																								
Mittwoch																								
Donnerstag																								
Freitag																								
Samstag																								
Sonntag																								

Aktivitäten

- Ich schlafe.
- Ich frühstücke.
- Ich bin in der Schule.
- Ich esse zu Mittag / Abend.
- Ich mache Hausaufgaben.
- Ich sehe fern.
- Ich treibe Sport (Fußball, Tennis, …).
- Ich spiele (z.B. am Computer, …).

11 Fragt und antwortet.

- Was machst du am Montag, um 5.00 Uhr?
- Ich schlafe.

S. 115-116: Ü. 13, 14

12 Interview mit Martina. ▶37

…	E	…
…	1	…

Hör zu und bring die Interview-Teile in die richtige Reihenfolge.

A	Hast du auch am Samstag Schule? Nein, Schule ist jeden Tag von Montag bis Freitag.
B	Und was machst du da? Ich besuche einen Musikkurs. Ich lerne Gitarre spielen.
C	Martina, sag mal, um wie viel Uhr stehst du auf? So, kurz vor 7.
D	Hast du auch am Nachmittag Schule? Ja, am Mittwoch. Da bleibe ich bis 15.30 Uhr in der Schule.
E	Also, Martina, in welcher Klasse bist du? Ich besuche die Klasse 8.
F	Und wann ist der Unterricht aus? Um 13.15 Uhr.
G	Um wie viel Uhr fängt die Schule an? Die Schule fängt um 8.05 Uhr an.
H	Danke, Martina. Bitte sehr.

Wortschatz wiederholen!

13 Wohin gehst du? Übt zu zweit.

- Wohin gehst du?
- Ich gehe … Und du? Wohin gehst du?

Intonation! Hör gut zu und sprich nach!

▶ 38

- Wie viel Uhr ist es? ↘
- Es ist halb neun. ↘

- Um wie viel Uhr stehst du auf? ↘
- Ich stehe um sieben Uhr auf. ↘

- Was machst du am Samstagabend? ↘
- Am Samstagabend gehe ich ins Kino. ↘

Du kannst …

fragen	auf Fragen antworten	
Wie viel Uhr ist es? Wie spät ist es?	Es ist zehn Uhr / halb acht …	✓
Um wie viel Uhr stehst du auf?	Um Viertel nach sieben.	✓
Wann gehst du ins Kino?	Am Samstagabend.	✓
Was machst du am Mittwoch?	Am Mittwoch gehe ich in den Musikkurs.	✓
Wohin gehst du?	In den Sprachkurs. / In die Kirche. / Ins Schwimmbad. / Auf den Sportplatz.	✓

▶ S. 116–117: Ü. 15, 16, 17, 18

Wir trainieren

1 Hör das Interview zweimal. Was stimmt? ▶40

1. Der Mann heißt Meier.
2. Er arbeitet abends als Taxifahrer.
3. Seine Arbeit fängt um 22.00 Uhr an.
4. Seine Arbeit ist um 2.30 Uhr zu Ende.
5. Morgens steht er um 10.00 Uhr auf.
6. Er wohnt allein.

2 Hör das Interview zweimal. Was stimmt? ▶41

1. Frau Kohl arbeitet im Restaurant.
2. Frau Kohl arbeitet jeden Tag von Montag bis Sonntag.
3. Frau Kohl arbeitet acht Stunden pro Tag.
4. Von 18.00 bis 23.00 Uhr ist Frau Kohl immer zu Hause.
5. Annette ist eine Kollegin von Frau Kohl.
6. Frau Kohl steht jeden Tag um 8.00 Uhr auf.

3 Du hörst Eva auf dem Anrufbeantworter. Hör zweimal. ▶42
Wohin gehen Petra und Eva? Um wie viel Uhr?

1. Wohin gehen Petra und Eva?

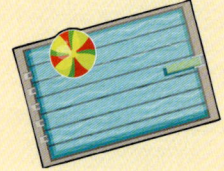  

a. Ins Schwimmbad.   b. In den Tennisclub.   c. In die Schule.

2. Um wie viel Uhr gehen sie?

a. Um halb vier.   b. Um vier.   c. Um Viertel nach vier.

hören

4 Du hörst Timo auf dem Anrufbeantworter. Hör zweimal. ▶43
Wohin gehen Timo und Max? Um wie viel Uhr?

3. Wohin gehen Timo und Max?

a. Ins Kino.   b. Ins Konzert.   c. In die Disko.

4. Um wie viel Uhr gehen sie?

a. Um halb neun.   b. Um Viertel vor neun.   c. Um neun.

5 Hör das Interview mit Klaus zweimal. Was stimmt? ▶44

1. In der Pause isst er …
   a. einen Schokoriegel.
   b. einen Apfel.
   c. ein Käsebrot.
   d. einen Joghurt.

2. Er besucht die Klasse …
   a. 5.
   b. 6.
   c. 7.
   d. 8.

3. Er lernt für die Schule …
   a. 3 Stunden, 14.30 – 17.30.
   b. 2 Stunden, 15.30 – 17.30.
   c. 2 Stunden, 14.00 – 16.00.
   d. Jeden Tag eine halbe Stunde.

4. Er treibt Sport, er …
   a. spielt Tennis.
   b. geht in die Turnhalle.
   c. joggt im Park.
   d. geht ins Schwimmbad.

5. Am Wochenende geht er …
   a. ins Kino.
   b. in die Disko.
   c. in die Pizzeria.
   d. ins Restaurant.

6. Er sieht gern …
   a. Sportsendungen.
   b. Krimis.
   c. Quizshows.
   d. Zeichentrickserien.

Modul 3 Training

siebenundfünfzig

Modul 3 Training — lesen

6 Am Schwarzen Brett hängen zwei Zettel. Verstehst du sie?

a.

> Wer hat mein Mäppchen gefunden?
>
> Ich finde mein Mäppchen nicht mehr! Drinnen sind mein Handy, meine Schreibsachen und mein Lineal. Ich habe es in der Schule vergessen.
> Es ist rot und gelb. Drauf steht die Schrift University.
> Ich brauche es dringend!!
>
> Florian Küppers
> Klasse 7D
> Telefon: 78 92 01

Was stimmt?

1. Florian sucht …
   a. sein Lineal.
   b. sein Handy.
   c. sein Mäppchen.

2. Florian hat es … vergessen.
   a. in der Klasse
   b. in der Schule
   c. in der Mensa

3. Florian ist in der Klasse
   a. 6B.
   b. 7D.
   c. 7E.

b.

> Wir sehen uns morgen, Donnerstag, um 14.30 Uhr in der Schule!!
>
> Warum?
> Wir wollen zusammen mit der Englischlehrerin einen Film sehen, und zwar „Notting Hill".
> Natürlich auf Englisch!
> Dann essen wir Pizza und Kuchen. Wir bleiben bis 18.30 Uhr in der Schule.
> Hast du Lust??

Was stimmt?

4. Das ist eine Anzeige für …
   a. eine Party.
   b. einen Fernsehnachmittag.
   c. einen Kinoabend.

5. Was machen sie dort?
   a. Sie hören Musik.
   b. Sie machen Hausaufgaben.
   c. Sie sehen einen Film.

6. Wann?
   a. Um 14.30 Uhr.
   b. Um 18.30 Uhr.
   c. Nach 18.30 Uhr.

lesen

7 Fernsehen pro und kontra.
Was denkt Birgit über das Fernsehen?

> Ich bin kein Fernsehfan! Ich finde Fernsehen blöd! Natürlich gibt es manchmal auch interessante Sendungen und die sehe ich sehr gern, z.B. Krimis und Dokumentarfilme. Aber Quizshows! Sie sind so langweilig. Immer dasselbe!
> Ich finde, Fernsehen ist wie eine Droge. Hans, ein Freund von mir, sieht jeden Tag 4-5 Stunden fern. So ein Wahnsinn! Und er hat dann natürlich keine Zeit mehr für was anderes …
> kein Sport, keine Bücher, keine Musik, kein Computer … nur Fernsehen. Auch mein Vater ist ein Fernsehfan. Er kommt um 18.00 Uhr von der Arbeit zurück und er sieht dann den ganzen Abend fern. Er hat nie Zeit für mich.

Was stimmt?

1. Birgit sieht sehr gern fern.
2. Birgits Lieblingssendungen sind Quizshows.
3. Hans ist ein Freund von Birgit.
4. Hans hat viele Hobbys.
5. Der Vater von Birgit sieht viel fern.
6. Am Abend spricht Birgit lange mit ihrem Vater.

8 Lies die Geschichte von Franz Tutnix.

> Franz Tutnix ist sehr faul. Jeden Tag steht er um halb elf auf. Er frühstückt gemütlich: Er trinkt viel Kaffee und isst viel Brot, Wurst, Käse, Marmelade und einen Joghurt. Um elf ist er fertig. Dann geht er spazieren. Zweimal pro Woche geht er in den Supermarkt und kauft ein. Er kauft immer viel Schokolade! Um Viertel nach eins ist er wieder zu Hause und isst zu Mittag. Nach dem Essen, so gegen zwei Uhr, geht er schlafen, denn er ist schon wieder so müde. Um vier Uhr ist er wieder frisch und munter. Er hört Musik und sieht fern. Um sieben gibt es dann Abendessen. Etwa um halb neun geht Franz aus. Er geht in die Kneipe oder ins Café. Manchmal geht er mit seiner Freundin Susi ins Kino. Um Mitternacht ist er immer zu Hause. Er ist müde und geht ins Bett.
>
> Gute Nacht, Franz, schlaf gut!

Antworte. Schreib die Antworten auch in dein Heft.

1. Wann steht Franz auf?
2. Was macht er nach dem Frühstück?
3. Um wie viel Uhr isst er zu Mittag?
4. Was macht er um zwei Uhr?
5. Was macht er am Abend?
6. Um wie viel Uhr geht er schlafen?

neunundfünfzig

schreiben

9 Du bekommst eine E-Mail von Martha aus Frankfurt.

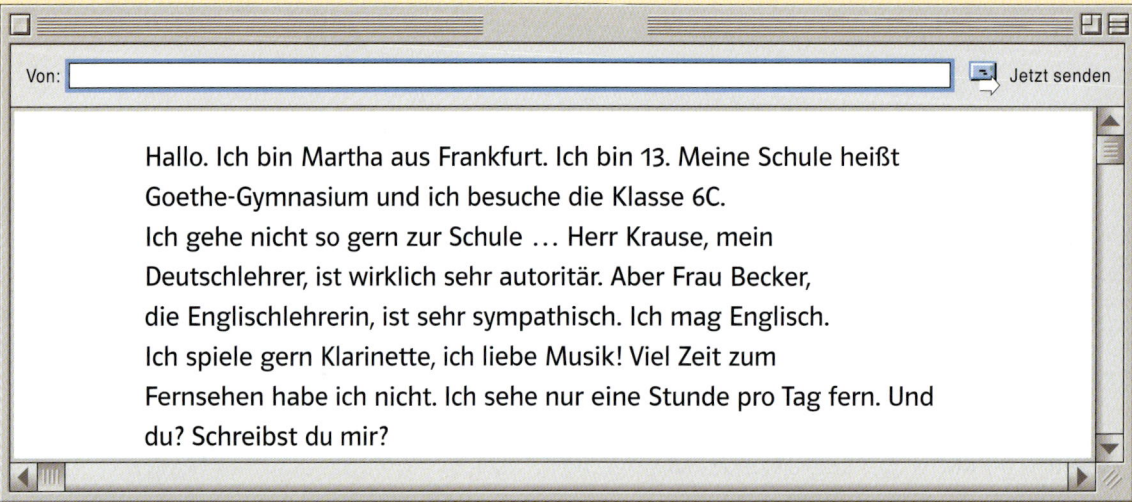

Hallo. Ich bin Martha aus Frankfurt. Ich bin 13. Meine Schule heißt Goethe-Gymnasium und ich besuche die Klasse 6C.
Ich gehe nicht so gern zur Schule … Herr Krause, mein Deutschlehrer, ist wirklich sehr autoritär. Aber Frau Becker, die Englischlehrerin, ist sehr sympathisch. Ich mag Englisch.
Ich spiele gern Klarinette, ich liebe Musik! Viel Zeit zum Fernsehen habe ich nicht. Ich sehe nur eine Stunde pro Tag fern. Und du? Schreibst du mir?

Was stimmt?

1. Martha geht gern in die Schule.
2. Sie mag Herrn Krause.
3. Sie mag Frau Becker.
4. Sie hat viel Zeit zum Fernsehen.

10 Deine Antwort.

Schreib Martha eine E-Mail, circa 50 Wörter. Schreib in dein Heft.

Hallo Martha,
vielen Dank für deine E-Mail.

Ich heiße …

sprechen

11 Bildet Gruppen.
Zieht eine Karte zum Thema
„Was isst du in der Pause?".
Sprecht zu zweit wie im Beispiel.

Karte: Hamburger, Cola

Mögliche Frage: Was nimmst du?

Mögliche Antwort: Ich nehme einen Hamburger und trinke eine Cola.

Beispiel:

12 Bildet Gruppen.
Zieht eine Karte, zum Beispiel „Hausaufgaben".
Sprecht zu zweit wie im Beispiel.

Thema: Alltag
Karte: Hausaufgaben
Mögliche Frage: Wann machst du Hausaufgaben?
Mögliche Antwort: Von 14.00 bis 16.00 Uhr.

Beispiel:

Thema: Alltag 1

Haus-
aufgaben

13 Spielt den Dialog: Fragt und antwortet.

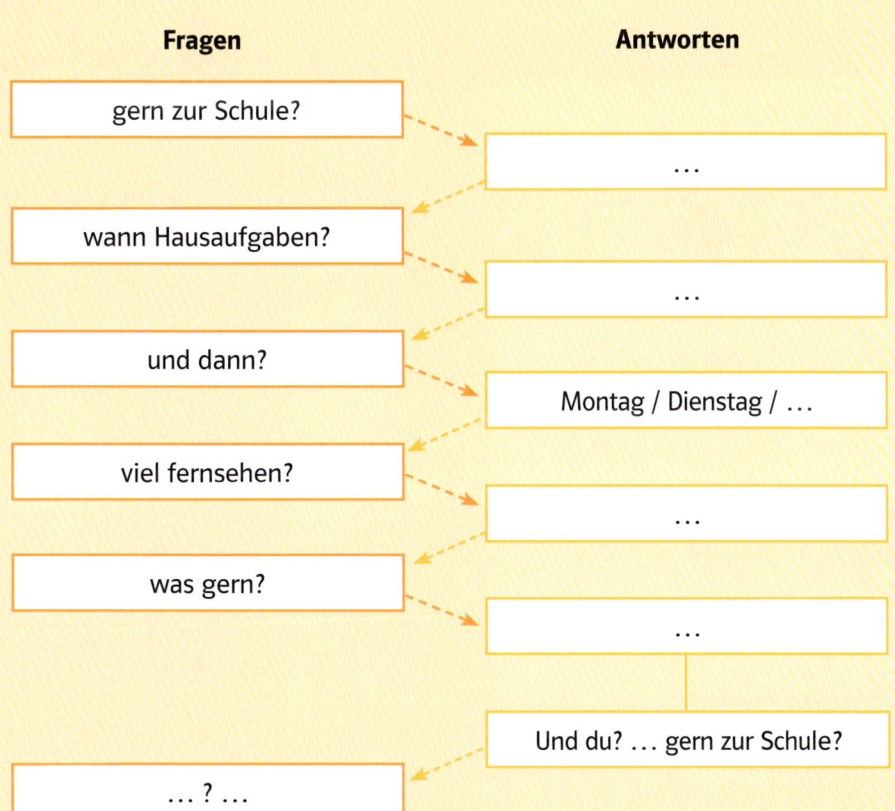

einundsechzig 61

Modul 3 Grammatik

Grammatik

1. Verben: Präsens (3)

Schau die Tabelle an.

		sehen	fahren	essen	geben	nehmen	
1.	ich	sehe	fahre	esse	gebe	nehme	Singular
2.	du	siehst	fährst	isst	gibst	nimmst	
3.	er, sie, es	sieht	fährt	isst	gibt	nimmt	
1.	wir	sehen	fahren	essen	geben	nehmen	Plural
2.	ihr	seht	fahrt	esst	gebt	nehmt	
3.	sie	sehen	fahren	essen	geben	nehmen	
4.	Sie	sehen	fahren	essen	geben	nehmen	

● sehen, fahren, essen, geben, nehmen: = unregelmäßige Verben
Auch „sprechen" ist unregelmäßig (siehe Grammatik Seite 24).

Ergänze die Regel:

Die unregelmäßigen Verben haben einen anderen Vokal in der ● und ● Person.

Beachte: essen: du **isst**   nehmen: du ni**mm**st
er, sie, es **isst**   er, sie, es ni**mm**t

TIPP: Lern: ich sehe – du siehst, ich fahre – du fährst, ich esse – du isst, ich gebe – du gibst, ich nehme – du nimmst, …

● fahren ↔ gehen

fahren:    gehen:

2. es gibt

a. Lies die Beispiele.

Was **gibt es** im Fernsehen? – **Es gibt** einen Zeichentrickfilm.
An der Wurstbude **gibt es** auch Pommes frites.

b. Übersetze die Beispiele in deine Sprache. Wie übersetzt du „es gibt"?

● „es gibt" steht mit Akkusativ (siehe Abschnitt 4).

3. Das Verb *brauchen*

a. Lies die Beispiele.

Ich **brauche** einen Spitzer.
Ich **brauche** meine Freunde.

b. Übersetze die Beispiele in deine Sprache. Wie übersetzt du „Ich brauche"?

● „brauchen" steht mit Akkusativ (siehe Abschnitt 4).

4. Nominativ und Akkusativ (2)

a. Lies das Beispiel. Übersetze es. Such das Subjekt. Such das Objekt.

Wo ist der Kanarienvogel? Maria sucht den Kanarienvogel.

Ergänze die Regel:

Das Subjekt ist im ●; das Objekt ist im ●.

Beachte: Der Artikel zeigt den Akkusativ, nicht das Subjekt.

b. Lies die Tabelle.

	m	f	n	Plural	
bestimmter Artikel	der	die	das	die	Nominativ
unbestimmter Artikel	ein	eine	ein	–	
bestimmter Artikel	**den**	die	das	die	Akkusativ
unbestimmter Artikel	**einen**	eine	ein	–	

Ergänze die Regel:

Nur Artikel ● hat eine besondere Form im Akkusativ.

c. Lies laut.

● Was hast du im Mäppchen?
● ● Kugelschreiber, zwei Bleistifte, ● Spitzer, ● Lineal und ● Schere.
● Gibst du mir bitte mal ● Kugelschreiber, ● Lineal und ● Schere?

5. Personalpronomen (3)

a. Lies die Beispiele und vergleiche.

Singular:
Der Film spielt heute Abend, **er** ist aber sehr lang. (Nominativ)
Wie findest du **den** Film? – Ich finde **ihn** spannend. (Akkusativ)

Die Sportschau ist toll. **Sie** fängt um 20.15 Uhr an. (Nominativ)
Ich sehe **die** Sportschau jeden Tag, ich sehe **sie** sehr gern. (Akkusativ)

Das Kinderprogramm ist um 15.00 Uhr. **Es** ist wirklich lustig. (Nominativ)
Wie findest du **das** Kinderprogramm? – Ich finde **es** nicht lustig. (Akkusativ)

Plural:
Die Nachrichten sind informativ. **Sie** sind leider kurz. (Nominativ)
Siehst du manchmal **die** Tagesthemen? Ich sehe **sie** oft. (Akkusativ)

b. Lies die Tabelle.

	m	f	n	Plural
Nominativ	er	sie	es	sie
Akkusativ	**ihn**	sie	es	sie

Ergänze die Regel:

Nur Personalpronomen ● hat eine besondere Form im Akkusativ.

c. Lies laut.

Kennst du ● Film *Der Sheriff von Texas?* Ich finde ● toll.
Wo ist meine Gitarre? Ich brauche ● .
Das also ist dein Zimmer! Ich finde ● sehr gemütlich.

6. Negation: *nicht, kein* (2)

a. Lies die Beispiele. Vergleiche die Beispiele mit „ein / kein" und mit „nicht".

ein… / kein…

● Möchtest du **einen** Joghurt?
● Nein, ich möchte **keinen** Joghurt.

● Magst du Schokolade?
● Nein, ich mag **keine** Schokolade.

● Hast du Geschwister?
● Nein, ich habe **keine**.

nicht

- Brauchst du den Spitzer?
- Nein, ich brauche den Spitzer **nicht**, ich brauche das Lineal.

- Findest du die Sendung interessant?
- Nein, ich finde sie **nicht** interessant.

- Geht ihr mit ins Schwimmbad?
- Nein, wir gehen **nicht** mit.

b. Übersetze die Beispiele in deine Sprache. Wie übersetzt du „kein…" / „nicht"?

c. Lies laut.

Alles nur negativ!
- Gehst du gern in die Schule? – ● Nein, ● gern. Deutsch und Mathematik mag ich überhaupt ●. Ich male ● gern, ich singe ● gern, ich lerne ● gern. Leider habe ich auch ● Freunde und ● Haustiere. Ich finde das Leben ● schön, sondern ziemlich langweilig.

Jetzt sag alles positiv: ● Gehst du gern in die Schule? – ● Ja, …

7. Plural

Lies die Tabelle mit den Pluralformen.

-er	das Kind – die Kind**er** das Bild – die Bild**er**	¨er	das Buch – die B**ü**ch**er** das Glas – die Gl**ä**s**er** das Haus – die H**äu**s**er**
-e	das Heft – die Heft**e** das Lineal – die Lineal**e** der Bleistift – die Bleistift**e** der Freund – die Freund**e**	¨e	der Stuhl – die St**üh**l**e** der Schrank – die Schr**ä**nk**e** die Wurst – die W**ü**rst**e** der Sohn – die S**ö**hn**e**
-n	die Tasche – die Tasche**n** die Schere – die Schere**n**		
-en	die Frau – die Frau**en** der Herr – die Herr**en**	-nen	die Freundin – die Freundin**nen** die Lehrerin – die Lehrerin**nen**
–	der Lehrer – die Lehrer der Spitzer – die Spitzer das Märchen – die Märchen	¨	der Apfel – die **Ä**pfel der Garten – die G**ä**rten der Bruder – die Br**ü**der
-s	das Foto – die Foto**s** das Auto – die Auto**s** der Radiergummi – die Radiergummi**s**		

TIPP: Lern Substantive immer mit der Pluralform, also: das Kind – die Kinder, der Stuhl – die Stühle, das Foto – die Fotos, …

8. Die Fragewörter *wo?*, *wohin?* und die Präposition *in*

a. Lies die Beispiele.

- Wo wohnt Familie Weigel?
- In Augsburg.

- Wohin geht Tina? →
  - **In den** Tennisclub.
  - **In die** Schule.
  - **Ins** Schwimmbad.

- ins: = in + das

b. Lies laut.

Heute kommt Stefan um 13.00 Uhr nach Hause. Zuerst geht er ● Küche, isst und trinkt etwas. Dann geht er ● Wohnzimmer und macht Hausaufgaben. Später geht er ● Garten und spielt mit Mautzi.

9. Trennbare Verben

Viele Verben haben ein Präfix.

stehen + auf	→	**auf**stehen
sehen + fern	→	**fern**sehen
fahren + zurück	→	**zurück**fahren
fangen + an	→	**an**fangen
rufen + an	→	**an**rufen

Im Infinitiv steht das Präfix vorn.

a. Lies die Beispiele. Warum heißen diese Verben „trennbare Verben"?

Ich **stehe** um 7.00 Uhr **auf**.
Ich **sehe** heute Abend **fern**.
Ich **fahre** nach Hause **zurück**.   Aussagesatz
Der Film **fängt** um 20.00 Uhr **an**.
Tina **ruft** Brigitte **an**.

Wann **fängt** der Film **an**?
Um wie viel Uhr **kommst** du **zurück**?   W-Frage: Frage mit Fragewort

Siehst du heute Abend **fern**?
Rufst du ihn morgen **an**?   Ja /Nein-Frage

Beachte: „frühstücken" ist kein trennbares Verb:
Zuerst geht sie ins Bad, dann **frühstückt** sie.

TIPP: Lern: aufstehen – er steht auf, anrufen – er ruft an, …

b. Gibt es auch trennbare Verben in deiner Sprache?

10. Temporal-Ergänzung mit *um, am*

a. Lies die Beispiele.

wann?
Uhrzeit: Ich stehe **um** 7.00 Uhr auf.
Tag: **Am** Sonntag gehe ich nicht in die Schule.
Tageszeit: **Am** Abend sehe ich oft fern.

● am: = an dem

b. Lies laut.

● Montag, ● Dienstag und ● Mittwoch steht Tina schon ● 7.00 Uhr auf.
● Samstag hat sie frei. Da steht sie erst ● 9.00 Uhr auf. ● Vormittag lernt sie für die Klassenarbeit, ● Nachmittag geht sie mit Brigitte ins Kino.
● 18.00 Uhr ist sie wieder zu Hause.

11. Temporale Fragewörter

Lies laut. Welches Fragewort passt?

Wann …?
Um wie viel …?
Wie viel …?
Wie spät …?
Wie lange …?

● Uhr ist es? – Es ist 5.00 Uhr.
● kommst du? – Am Sonntag.
● Uhr beginnt die Schule? – Um 8.00 Uhr.
● dauert die Fahrt? – Drei Stunden.
● ist es jetzt? – 15.00 Uhr.

Beachte: **Wie viel Uhr** ist es? = **Wie spät** ist es?
Um wie viel Uhr kommst du? = **Wann** kommst du?

12. Die Uhrzeit

a. Lies die Beispiele.

Die offizielle Uhrzeit: **Man sagt privat:**
(im Radio, im Fernsehen, am Flughafen)

Es ist 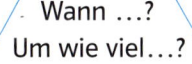 Uhr.

13.00 Uhr: Es ist dreizehn Uhr. Es ist **ein** Uhr.
13.10 Uhr: Es ist dreizehn Uhr zehn. Es ist zehn **nach** ein**s**.
13.15 Uhr: Es ist dreizehn Uhr fünfzehn. Es ist **Viertel nach** ein**s**.
13.20 Uhr: Es ist dreizehn Uhr zwanzig. Es ist zehn **vor halb** zwei.
13.25 Uhr: Es ist dreizehn Uhr fünfundzwanzig. Es ist fünf **vor halb** zwei.
13.30 Uhr: Es ist dreizehn Uhr dreißig. Es ist **halb** zwei.

13.35 Uhr: Es ist dreizehn Uhr fünfunddreißig. Es ist fünf **nach halb** zwei.
13.40 Uhr: Es ist dreizehn Uhr vierzig. Es ist zehn **nach halb** zwei.
13.45 Uhr: Es ist dreizehn Uhr fünfundvierzig. Es ist **Viertel** vor zwei.
13.50 Uhr: Es ist dreizehn Uhr fünfzig. Es ist zehn **vor** zwei.
13.55 Uhr: Es ist dreizehn Uhr fünfundfünfzig. Es ist fünf **vor** zwei.
14.00 Uhr: Es ist vierzehn Uhr. Es ist **zwei** Uhr.

siebenundsechzig

b. Uhrzeit offiziell – Uhrzeit privat: Was ist der Unterschied?
   Gibt es in deiner Sprache auch einen Unterschied?

Beachte: Uhr: = 🕐 die Uhr – die Uhren (die Küchenuhr, die Swatch-Uhr, …)
                = Es ist 5.00 Uhr. (Uhrzeit)

         1 Stunde = 60 Minuten; eine halbe Stunde = 30 Minuten;
                    zwei Stunden = 120 Minuten

c. Lies laut.

Um 8.00 ● fängt die Schule an. Der Unterricht dauert sechs ●.
Zwei ● Mathe, zwei ● Deutsch, eine ● Musik und eine ● Sport.
Um 14.00 ● ist die Schule aus.

d. Übersetze die Sätze in c. Wie sagst du „Uhr" und „Stunde" in deiner Sprache?

Lösungen für ●:

1. Die unregelmäßigen Verben haben einen anderen Vokal in der 2. und 3. Person.
2. Das Subjekt ist im **Nominativ**, das Objekt ist im **Akkusativ**.
3. Nur Artikel **maskulin** hat eine besondere Form im Akkusativ.
4. Was hast du im Mäppchen? – **Einen** Kugelschreiber, zwei Bleistifte, **einen** Spitzer, **ein** Lineal und **eine** Schere.
   – Gibst du mir bitte mal **den** Kugelschreiber, **das** Lineal und **die** Schere?
5. Nur Personalpronomen **maskulin** hat eine besondere Form im Akkusativ.
6. Kennst du **den** Film *Der Sheriff von Texas*? Ich finde **ihn** toll. Wo ist meine Gitarre? Ich brauche **sie**.
   Das also ist dein Zimmer! Ich finde **es** sehr gemütlich.
7. **Negativ:**
   Gehst du gern in die Schule? – Nein, **nicht** gern. Deutsch und Mathematik mag ich überhaupt **nicht**. Ich male **nicht** gern, ich singe **nicht** gern, ich lerne **nicht** gern. Leider habe ich auch **keine** Freunde und **keine** Haustiere. Ich finde das Leben **nicht** schön, sondern ziemlich langweilig.
   Positiv:
   Gehst du gern in die Schule? – Ja, gern. Deutsch und Mathematik mag ich sehr. Ich male gern, ich singe gern, ich lerne gern. Ich habe viele Freunde und auch Haustiere. Ich finde das Leben schön.
8. Zuerst geht er **in die** Küche, isst und trinkt etwas. Dann geht er **ins** Wohnzimmer und macht Hausaufgaben. Später geht er **in den** Garten und spielt mit Mautzi.
9. **Am** Montag, **am** Dienstag und **am** Mittwoch steht Tina schon **um** 7.00 Uhr auf. **Am** Samstag hat sie frei. Da steht sie erst **um** 9.00 Uhr auf. **Am** Vormittag lernt sie für die Klassenarbeit, **am** Nachmittag geht sie mit Brigitte ins Kino. **Um** 18.00 Uhr ist sie wieder zu Hause.
10. **Wie viel** Uhr ist es? – **Wann** kommst du? – **Um wie viel** Uhr beginnt die Schule? – **Wie lange** dauert die Fahrt? – **Wie spät** ist es jetzt?
11. Um 8.00 **Uhr** fängt die Schule an. Der Unterricht dauert sechs **Stunden**. Zwei **Stunden** Mathe, zwei **Stunden** Deutsch, eine **Stunde** Musik und eine **Stunde** Sport. Um 14.00 **Uhr** ist die Schule aus.

Teste dein Deutsch!
Wortschatz und Grammatik

1 Notier 5 Schulsachen.

2 Hier sind 3 Wörter versteckt. Erkennst du sie?

fachlingslieb   gesabtalauf   kufilmtarmendo

3 Wie heißen die Wochentage?

4 Wie heißen die Pluralformen?

der Bleistift – die ••• , die Schere – die ••• , der Stuhl – die ••• , die Freundin – die ••• ,
der Lehrer – die ••• , das Foto – die ••• , das Buch – die •••

5 Was passt zusammen?

... Fernseh-   der Film
... Sport-   das Programm
... Dokumentar-   die Show
... Kultur-   die Schau
... Spiel-   die Serie
... Talk-   die Nachrichten

6 Was passt hier?

Petra Bauer steht jeden Morgen ... 1 ... 6.00 Uhr auf. Zuerst geht sie ... 2 ... Bad, dann geht sie ... 3 ... Küche und frühstückt. Sie nimmt ... 4 ... Bus und ... 5 ... zur Arbeit. Sie arbeitet acht ... 6 ... Zweimal in der Woche geht sie in ... 7 ... Spanischkurs. Manchmal geht sie mit einer Freundin ... 8 ... Filmclub oder ... 9 ... Café. Aber sie bleibt auch gern ... 10 ... Hause und hört Musik.

1 um am	2 in den ins	3 in die in den	4 der den	5 fahrt fährt
6 Uhr Stunden	7 ein einen	8 in den ins	9 ins in	10 im zu

Selbstkontrolle

Du hast ...
... maximal 4 Fehler: SEHR GUT! Mach weiter so!
... 5 bis 8 Fehler: noch o.k. Aber du kannst es besser!
... mehr als 8 Fehler: Wiederhol die Übungen von Modul 3.

Teste dein Deutsch! - Lösungen
Wortschatz und Grammatik

Modul 2

1. Zum Beispiel: der Hamster, die Katze, der Kanarienvogel, der Hund, der Goldfisch
2. Zum Beispiel: das Wohnzimmer, das Schlafzimmer, das Arbeitszimmer, die Küche, das Bad
3. Zum Beispiel:
   Deutschland – Deutsch; Österreich – Deutsch; die Schweiz – Deutsch, Italienisch, Französisch; Griechenland – Griechisch; Polen – Polnisch; Türkei – Türkisch
4. Zum Beispiel:
   Wo wohnt Familie Weigel? – Sie wohnt in Augsburg.
   Woher kommen Sie, Herr Martinez? – Ich komme aus Spanien.
   Was möchtest du trinken? – Ein Glas Limonade.
   Wie ist dein Schlafzimmer? – Es ist klein und gemütlich.
   Wer ist das? – Das ist Andrea.
5. Pluralformen: die Äpfel, die Würste, die Kanarienvögel
6. 1: Mein, 2: ein, 3: einen, 4: zwei, 5: kein, 6: zwei, 7: einen, 8: -, 9: aus, 10: arbeitet, 11: in, 12: spricht, 13: möchte, 14: keine

Modul 3

1. Zum Beispiel: das Mäppchen, die Landkarte, das Buch, das Heft, das Lineal
2. Lieblingsfach, Tagesablauf, Dokumentarfilm
3. Montag, Dienstag, Mittwoch, Donnerstag, Freitag, Samstag, Sonntag
4. die Bleistifte, die Scheren, die Stühle, die Freundinnen, die Lehrer, die Fotos, die Bücher
5. der Fernsehfilm, das Fernsehprogramm, die Fernsehnachrichten, die Fernsehserie, die Sportschau, der Dokumentarfilm, das Kulturprogramm, der Spielfilm, die Talkshow
6. 1: um, 2: ins, 3: in die, 4: den, 5: fährt, 6: Stunden, 7: einen, 8: in den, 9: ins, 10: zu Hause

Mautzi, unsere Katze

1 Was passt zusammen?

1. Was macht ein Pferd?
2. Was macht ein Papagei?
3. Wie ist ein Kanarienvogel?
4. Was mag ein Kaninchen?
5. Was macht eine Kuh?
6. Was mag ein Hund nicht?
7. Was macht eine Katze?
8. Wo wohnt ein Goldfisch?

a. Er mag keine Katzen.
b. Er sagt: „Guten Tag!"
c. Er wohnt im Wasser.
d. Sie produziert Milch.
e. Sie macht: „Miau".
f. Er ist klein und gelb.
g. Es mag Salat und Karotten.
h. Es galoppiert.

2 Was passt? Verbinde.

Pferd   Kuh   Hund   Papagei   Maus

er   *sie*   *es*

Katze   Kaninchen   Hamster   Goldfisch   Kanarienvogel

3 Tiernamen und Artikel.
Schreib mit Farbstiften: blau = *der*, rot = *die*, grün = *das*

der	die	das
___	___	___
___	___	___
___	___	___
___	___	___
___	___	___

einundsiebzig 71

Modul 2 / Lektion 3

4 Welche Tiere haben sie? Schreib ganze Sätze.

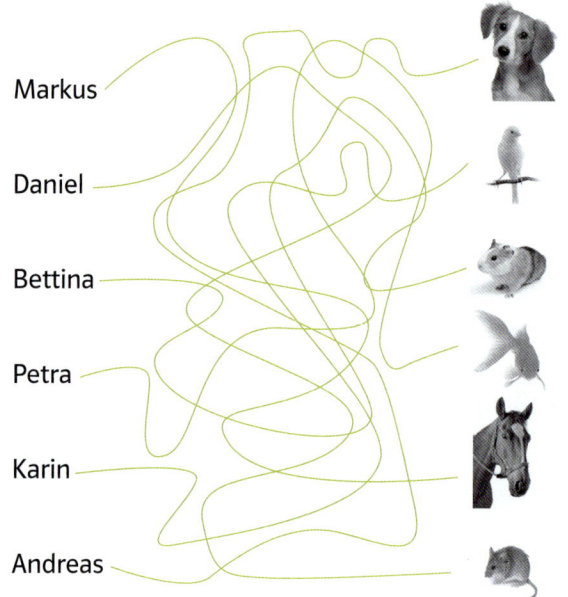

Markus _hat ein Pferd._

Daniel _____

Bettina _____

Petra _____

Karin _____

Andreas _____

5 Ergänze: *einen, eine, ein*?

1. Ich habe _____ Hund.

2. Hast du _____ Maus?

3. Sabine hat _____ Kaninchen und _____ Kanarienvogel.

4. Hans möchte gern _____ Hamster haben.

5. Der Opa von Markus hat _____ Kuh und _____ Pferd.

6 Antworte mit „Nein".

 Ist das ein Hund?

Nein, das ist kein Hund. Das ist eine Katze.

 Ist das ein Kanarienvogel?

_____

 Ist das ein Hamster?

_____

 Ist das eine Kuh?

_____

 Ist das ein Papagei?

_____

7 Ergänze: *habe, hast, hat, haben*?

- Ich _____ einen Hund. Und du? _____ du Tiere?

- Klar, zu Hause _____ wir viele Tiere.

- Und Monika? _____ sie Haustiere?

- Nein, sie _____ keine Tiere.

8 Wie heißt der Plural?

ein Hund — zwei _____

ein Goldfisch — zwei _____

eine Katze — zwei _____

ein Pferd — zwei _____

ein Kaninchen — zwei _____

ein Kanarienvogel — zwei _____

eine Kuh — zwei _____

ein Hamster — zwei _____

9 Welche Tiere magst du? Schreib ganze Sätze wie im Beispiel.

Ich mag keine Hunde, aber ich mag Katzen.

_____

_____

_____

_____

Modul 2
Lektion 3

dreiundsiebzig 73

10 *mag* oder *magst*?

1. _____ du Tiere? – Ja, ich _____ Tiere sehr.
2. Peter _____ keine Kaninchen.
3. Mein Hund Hasso _____ keine Katzen.
4. Was _____ dein Kaninchen? – Es _____ Karotten und Salat.
5. Ich _____ Kanarienvögel, aber ich _____ keine Papageien.

11 Was mögen die Tiere?

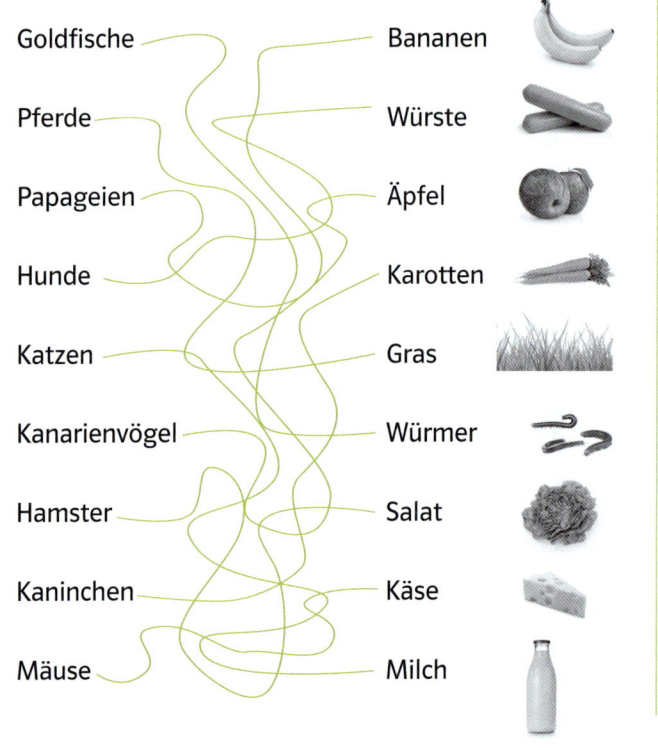

Goldfische — Bananen   Goldfische *mögen Würmer.*
Pferde — Würste   Pferde _____
Papageien — Äpfel   Papageien _____
Hunde — Karotten   Hunde _____
Katzen — Gras   Katzen _____
Kanarienvögel — Würmer   Kanarienvögel _____
Hamster — Salat   Hamster _____
Kaninchen — Käse   Kaninchen _____
Mäuse — Milch   Mäuse _____

12 Das mögen die Tiere: Schreib die Wörter aus Übung 11 in die drei Listen.
Schreib mit Farbstiften: blau = *der*, rot = *die*, grün = *das*.

der	die	das
	Banane	

13 Hör zu. Was für Tiere haben sie? Wie heißen die Tiere? ▶06
Schreib ganze Sätze wie im Beispiel.

Martin	Pferd	Mautzi
Susi	Goldfisch	Black
Annette	Papagei	Wind
Tobias	Hund	Splasch
Florian	Katze	Kokorito

Martin hat einen Hund. Er heißt Black. _____

_____

_____

_____

_____

14 Julia und ihr Haustier.

Ich heiße Julia.
Ich bin sechs. Ich habe ein Kaninchen.
Es heißt Billy. Billy ist zwei Jahre alt.
Ich spiele jeden Tag mit ihm.
Billy ist lustig und sehr lieb.
Ich mag mein Kaninchen sehr.

a. Ergänze.

Julia hat ein Tier. Es heißt _____ . Es ist ein _____ .

Es ist _____ alt und ist sehr _____ .

b. Hast du auch ein Haustier? Stell es vor.

_____

_____

_____

_____

_____

fünfundsiebzig

Modul 2 Lektion 3

15 Ergänze den Dialog.

● Magst du Tiere?

○ _____

● Hast du Haustiere?

○ _____

● Wie heißt dein / deine … ?

○ _____

● Wie alt ist dein / deine … ?

○ _____

● Ist er / sie / es lieb?

○ _____

16 Stell Fragen.

1. _____?
Ja, ich mag Tiere sehr.

2. _____?
Nein, ich habe leider keine Haustiere.

3. _____?
Nein, ich habe keinen Hund.

4. _____?
Sie heißt Mautzi.

5. _____?
Ja, sie hat zwei Hamster.

6. _____?
Er mag Salat und Karotten.

7. _____?
Nein, ich mag keine Kanarienvögel.

17 Schreib die Unterschriften zu den Bildern.

Rotkäppchen und die Mutter zu Hause   Der Wolf und der Jäger

Der Wolf im Bett der Oma

Rotkäppchen und der Wolf im Wald

Der tote Wolf, der Jäger, die Oma und Rotkäppchen

18 Richtig schreiben.

a. Was fehlt? Ergänze.

Ich mag ____austiere. Ich ____abe einen ____ und und einen ____amster.
Ich esse gern Wurste, Kase und Apfel.

b. *ei* oder *ie*:

Mein Papag____ und mein Kanar____nvogel mögen k____nen Salat.

c. *pf* und *tz*:

Meine Ka____e und mein ____erd mögen Ä____el.

Modul 2 Lektion 4
Die Nachbarn von Familie Weigel

1 Woher kommen sie? Schreib ganze Sätze wie im Beispiel.

- Hallo. Ich bin Evdokia und komme aus Griechenland.
- Servus. Ich bin Simge. Ich komme aus der Türkei.
- Ich heiße Alice und komme aus den USA.
- Mein Name ist John. Ich komme aus England.
- Hallo. Ich heiße Marec und komme aus Polen.
- Hallo. Ich heiße Klaus. Ich komme aus Deutschland.

Evdokia *kommt aus Griechenland.*   John _____
Simge *kommt aus* _____   Marec _____
Alice _____   Klaus _____

2 Du kennst die Antworten.

Kommt John aus Frankreich?   *Nein, er kommt aus England.*
Spricht Simge Türkisch?   *Ja, sie spricht Türkisch.*

1. Spricht Evdokia Deutsch? _____
2. Woher kommt Alice? _____
3. Was spricht Marec? _____
4. Kommt Klaus aus Österreich? _____
5. Woher kommt Simge? _____
6. Spricht John Englisch? _____

78 achtundsiebzig

3 *Wo* oder *Woher*? Schreib auch die Antworten.

1. _____ wohnst du? _____
2. _____ kommt Stefan? _____
3. _____ liegt Augsburg? _____
4. _____ wohnt Tina? _____
5. _____ kommt Herr Martinez? _____
6. _____ liegt Mailand? _____
7. _____ kommst du? _____

4 *aus* oder *in*?

1. Herr Umut kommt _____ der Türkei, aber er wohnt _____ Deutschland. _____ Deutschland spricht er Deutsch.
2. Ich komme _____ München. Und du? Kommst du auch _____ München? – Nein, ich komme _____ Augsburg.
3. Wohnst du _____ Berlin? – Ja, ich wohne _____ Berlin.

5 Welche Sprache spricht man hier?

Italien _____

Spanien _____

Österreich _____

Schweiz _____

Amerika (USA) _____

Frankreich _____

Griechenland _____

Deutschland _____

Türkei _____

Portugal _____

6 Wo spricht man …? Verwende die Wörter von Übung 5.

Italienisch spricht man in Italien und in der Schweiz.

_____
_____
_____
_____
_____
_____
_____
_____
_____
_____

7 Ergänze mit den richtigen Formen von *sprechen*.

1. Ich komme aus Italien. Ich _____ Italienisch.

2. Peter _____ perfekt Englisch.

    Seine Mutter ist aus London.

3. _____ ihr Englisch?

    – Nein, wir _____ nur Deutsch.

4. Herr Umut, _____ Sie Türkisch?

5. Stefan und Tina lernen schon drei Jahre Französisch.

    Sie _____ gut Französisch.

6. Was _____ du?

    – Ich _____ Deutsch und Polnisch.

7. Dolores _____ Spanisch und Portugiesisch.

spricht
spreche
sprecht
sprichst
sprechen

8 Schreib Sätze wie im Beispiel. Beachte die Satzstruktur.

Satzstruktur:

Man	spricht	Griechisch	in Griechenland.
In Griechenland	spricht	**man**	Griechisch.
Griechisch	spricht	**man**	in Griechenland.

D

F

E

P

USA

9 Woher kommst du? Spielt den Dialog zu zweit. Wechselt die Rollen.

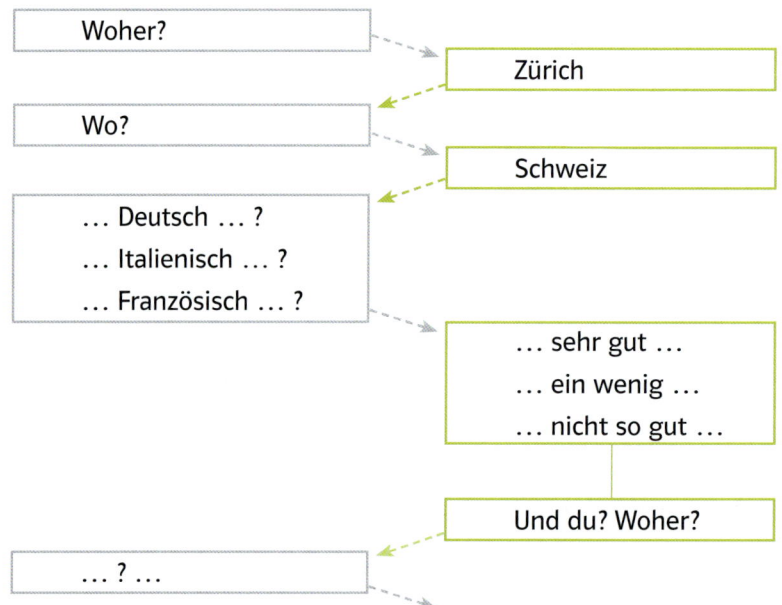

10 Interviews. Hör zu. Schreib die Informationen in die Tabelle. ▶11

	1.	2.	3.
Name			
Sprache			
Herkunft			
Wohnort			

11 Stell Fragen.

1. _____?

   Ich komme aus Griechenland.

2. _____?

   Nein, sie kommt aus Österreich.

3. _____?

   Er wohnt in Augsburg.

4. _____?

   Herr Weigel spricht Deutsch.

5. _____?

   In Spanien spricht man Spanisch.

6. _____?

   Ja, ich spreche Türkisch.

12 Interview mit Herrn und Frau Martinez.
Schreibt die Interviewfragen auf Karten. Spielt zu dritt.

Fragen: Woher kommen Sie?
          Wo leben Sie jetzt?
          Wo wohnen Sie?
          Was machen Sie in Augsburg?
          Was verkaufen Sie im Restaurant?
          Sprechen Sie gut Deutsch?
          Haben Sie Kinder?
          Sprechen die Kinder Deutsch?
          Gefällt es Ihnen in Deutschland?
          Kennen Sie Familie Weigel?

13 Alles falsch! Wo steckt der Fehler? Schreib das Wort richtig.

falsch	richtig	falsch	richtig
Schpanien	_____	Restorant	_____
Deuschland	_____	Nahbar	_____
Frankrich	_____	Centrum	_____
Grichenland	_____	perfect	_____
Schweitz	_____	er spriht	_____

Wortschatz Modul 2 (Lektion 3–4)

Hier findest du die Einzelwörter und die Sätze aus den Lektionen Seite für Seite.
Bei Substantiven steht auch die Pluralform. Ganz links findest du die Seitenzahl im Kursbuch.
Schreib die Übersetzung in die rechte Spalte.

Lektion 3:		Meine Sprache
6	die Katze, die Katzen	Meine Katze heißt Mautzi.
	das Jahr, die Jahre	Sie ist 4 Jahre alt.
	unser, unsere	Das ist unsere Katze.
	lieb	Sie ist sehr lieb.
	mögen, ich mag, sie mag	Sie mag Milch.
	spielen	Ich spiele gern mit Mautzi.
	das Haustier, die Haustiere	Ich mag Haustiere, aber ich habe leider keine.
	der Hund, die Hunde	
	das Kaninchen, die Kaninchen	Ich möchte gern einen Hund oder ein Kaninchen haben.
	das Kennzeichen, die Kennzeichen	besondere Kennzeichen
7	der Kanarienvogel, die Kanarienvögel	
	der Goldfisch, die Goldfische	
	die Kuh, die Kühe	
	das Pferd, die Pferde	
	die Maus, die Mäuse	
	der Hamster, die Hamster	
	der Papagei, die Papageien	
8	produzieren	Die Kuh produziert Milch.
	gelb	
	der Salat, die Salate	
	die Karotte, die Karotten	Das Kaninchen mag Salat und Karotten.
	galoppieren	Das Pferd galoppiert.
	immer	Immer … Nein!

vierundachtzig

Modul 2 — Wortschatz

9	dran sein	Du bist dran.
	noch	Du bist noch dran.
	zusammen	Vier spielen zusammen.
	brauchen	Ihr braucht 20 Karten.
	jeder, jede, jedes	
	zweimal	Malt jedes Tier zweimal.
	der Punkt, die Punkte	Malt Punkte auf die Karten.
	farbig	
	können	Ihr könnt auch farbige Karten nehmen.
	suchen	
	das Paar, die Paare	Sucht Kartenpaare.
		So geht's.
	der Spielschluss (Singular)	
	die meisten	Wer hat die meisten Kartenpaare?
	gewinnen	Ich habe gewonnen.
	die Umfrage, die Umfragen	
	die Klasse, die Klassen	Macht eine Umfrage in der Klasse.
10	der Käse (Singular)	Mäuse mögen Käse.
	die Wurst, die Würste	
	der Apfel, die Äpfel	Mein Hund mag Würste, aber keine Äpfel.
	der Wurm, die Würmer	Meine Goldfische mögen Würmer.
11	das Märchen, die Märchen	
	Rotkäppchen	
	die Person, die Personen	

Modul 2 Wortschatz

die Unterschrift, die Unterschriften		
das Bild, die Bilder	Finde die Unterschriften zu den Bildern.	
der Wolf, die Wölfe		
der Jäger, die Jäger		
tot	Der Wolf ist tot.	
die Reihenfolge (Singular)	Wie ist die Reihenfolge der Bilder?	
12 versteckt	Hier sind 6 Tiere versteckt.	
13 Was für …?	Was für Tiere hast du denn?	

Meine neuen Wörter

Lektion 4:		Meine Sprache
14 der Nachbar, die Nachbarn	die Nachbarn von Familie Weigel	
Spanien		
zwar	Er kommt aus Spanien, und zwar aus Barcelona.	
arbeiten		
schon		
das Jahr, die Jahre	Er arbeitet schon 10 Jahre in Augsburg.	
sprechen, ich spreche, er spricht		
perfekt	Er spricht perfekt Deutsch.	
verkaufen		
spanisch		
die Spezialität, die Spezialitäten	Er verkauft spanische Spezialitäten.	
das Restaurant, die Restaurants		
das Zentrum, die Zentren	Er hat ein Restaurant im Zentrum von Augsburg.	
leben		
gefallen, er gefällt, sie gefällt		
recht gut	Das Leben in Deutschland gefällt ihm recht gut.	
stimmen	Was stimmt? Was stimmt nicht?	
die Zeile, die Zeilen		
welcher, welche, welches		
stehen	In welcher Zeile steht das?	
15 Woher?	Herr Martinez, woher kommen Sie?	

siebenundachtzig

Modul 2
Wortschatz

16/17 das Auto, die Autos

das Autokennzeichen,
die Autokennzeichen

das Land, die Länder

die Türkei Türkisch	In der Türkei spricht man Türkisch.	
Deutschland Deutsch	In Deutschland spricht man Deutsch.	
Portugal Portugiesisch	In Portugal spricht man Portugiesisch.	
Polen Polnisch	In Polen spricht man Polnisch.	

	England Englisch	In England spricht man Englisch.
	Frankreich Französisch	In Frankreich spricht man Französisch.
	Italien Italienisch	In Italien spricht man Italienisch.
	Griechenland Griechisch	In Griechenland spricht man Griechisch.
	Österreich Deutsch	In Österreich spricht man Deutsch.
	die Schweiz	In der Schweiz spricht man Deutsch, Italienisch und Französisch.
18	wenig	
	ein wenig	Ich spreche ein wenig Deutsch.
	der Partner, die Partnerin	
	der erste, die erste, das erste	Das erste Paar gewinnt.
19	bauen	
	der Satz, die Sätze	Bau Sätze.
	schnell	Wer am schnellsten die meisten Sätze baut, gewinnt.
20	die Information, die Informationen	Schreib die Informationen in dein Heft.
	nur	Sie spricht nur Englisch.
	wissen, ich weiß, du weißt, er weiß	Was weißt du über Herrn und Frau Martinez?
	erzählen	Erzähl.
	die Nachbarin, die Nachbarinnen	
21	ein bisschen	Ich spreche ein bisschen Deutsch.
	genau	Woher kommen Sie genau?

Modul 2 Wortschatz

Meine neuen Wörter

Was isst du in der Pause?

1 Essen oder trinken?
Schreib die Wörter in die Tabelle.

Kuchen   Banane   Apfel   Joghurt

Kaffee   Limonade   Saft   Wurstbrot

Schokoriegel   Mineralwasser   Cola

Käsebrot   Knäckebrote   Tee

Ich esse …	Ich trinke …
einen Kuchen	

2 Schreib Sätze wie im Beispiel.

Ich möchte	ein einen eine –	Schokoriegel Cola Kuchen Wurstbrot Joghurt Saft Kaffee Chips (!) Mineralwasser Apfel	essen / trinken.

1. Ich möchte einen Schokoriegel essen.
2. _____
3. _____
4. _____
5. _____
6. _____
7. _____
8. _____
9. _____
10. _____

einundneunzig

3 Ergänze wie im Beispiel.

1. Trinkst du _ein_ Mineralwasser? – Nein, ich trinke _kein_ Mineralwasser.
2. Möchtest du _____ Tafel Schokolade? – Nein, ich möchte _____ Tafel Schokolade.
3. Isst du _____ Joghurt? – Nein, ich esse _____ Joghurt.
4. Möchtest du _____ Wurstbrot? – Nein, ich möchte _____ Wurstbrot.
5. Trinkst du _____ Cola? – Nein, ich trinke _____ Cola.
6. Möchtest du _____ Schokoriegel? – Nein, ich möchte _____ Schokoriegel.

4 Was passt zusammen?

1. Möchtest du einen Apfel?
2. Was möchtest du?
3. Was trinkst du?
4. Hast du Hunger?
5. Was isst du in der Pause?
6. Eine Cola?

a. Nein, ich habe keinen Hunger.
b. Nein, danke, ich habe keinen Durst.
c. Ich möchte ein Wurstbrot.
d. Ich esse einen Schokoriegel.
e. Ja, einen Apfel esse ich immer gern.
f. Ein Mineralwasser, bitte.

5 Ergänze: *keinen, keine, kein*?

1. Ich esse _____ Wurstbrot.
2. Stefan isst _____ Apfel.
3. Ich trinke _____ Apfelsaft.
4. Tina isst _____ Banane.
5. Wir essen _____ Jogurt.
6. Herr Meier trinkt _____ Kaffee.
7. Ich esse _____ Birne.
8. Ich trinke _____ Cola.

6 Essen und trinken in der Pause.
Ergänze den Dialog. Spielt den Dialog zu zweit.

Mutter: Was … in der Pause … ?

Marie: … Schokoriegel.

Mutter: Vielleicht lieber … ?

Marie: Nein, …

Mutter: Aber, … kein … im Haus.

Marie: Dann nehme ich …

Mutter: Gut. O.k. Und … trinken?

Marie: …

7 Ergänze die Tabelle.

	essen	nehmen
ich		
du		
er, sie, es		nimmt
wir	essen	
ihr	esst	
sie		nehmen
Sie (höflich)		

8 Schreib Minidialoge wie im Beispiel.

- Guten Abend.
- Ich nehme
-
-

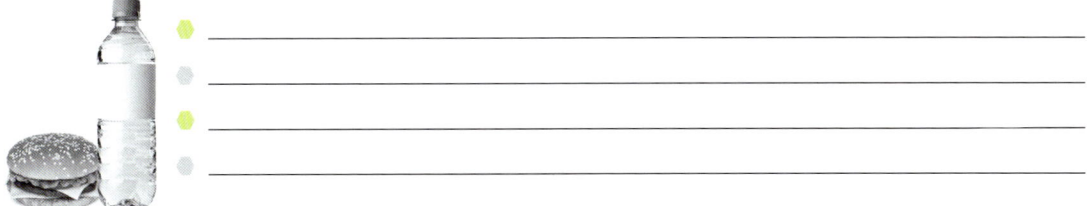

-
-
-
-

9 Ergänze: *einen, eine, ein*?

1. Ich esse _____ Hamburger.
2. Ich nehme _____ Portion Pommes frites.
3. Ich trinke _____ Limonade.
4. Ich möchte _____ Stück Pizza.
5. Ich nehme _____ Dose Cola, du auch?
6. Ich esse _____ Schokoriegel.
7. Ich trinke _____ Glas Tee.
8. Was nimmst du? – _____ Schinkenbrot.

10 Stell Fragen.

1. _____? – Nein, danke, ich habe keinen Durst.
2. _____? – Ja, einen Kuchen esse ich gerne.
3. _____? – Ich esse einen Joghurt.
4. _____? – Sie isst Knäckebrote.
5. _____? – Ich nehme ein Stück Pizza.
6. _____? – Nein, ich habe keinen Hunger.

11 Wörterrätsel.
Du kannst alles essen oder trinken. Ergänze auch das Lösungswort.

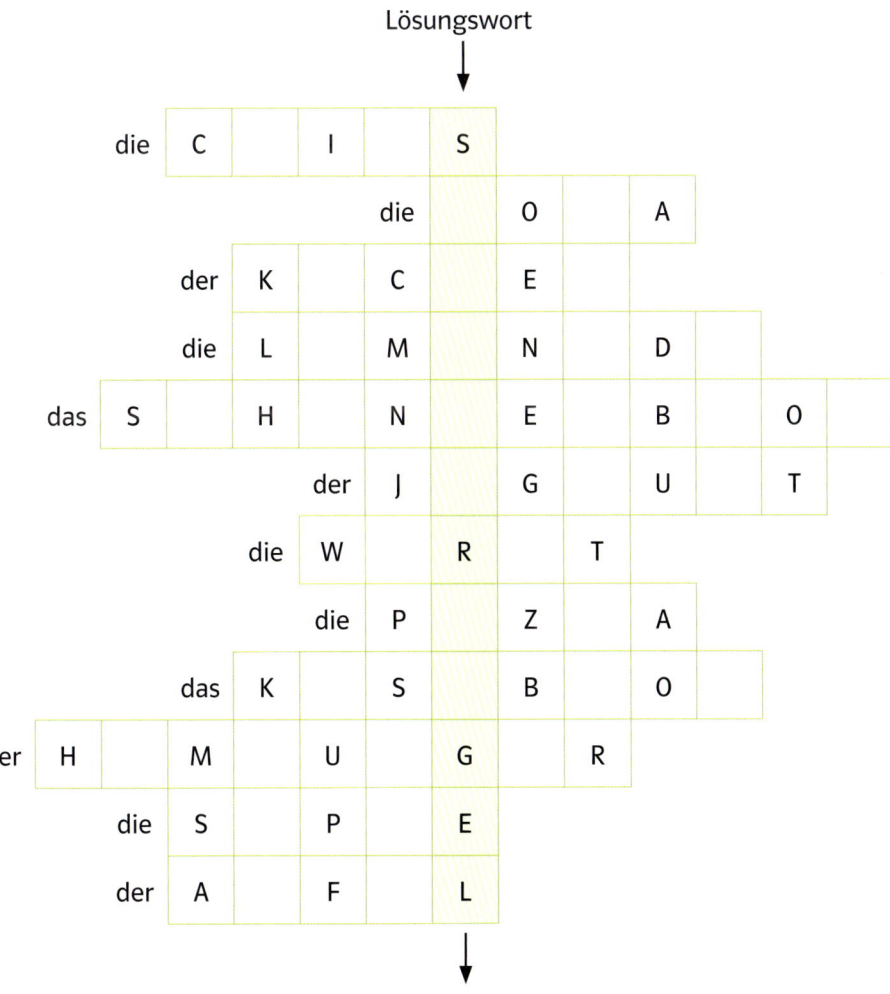

Ergänze.

Ich esse alles gern, aber _____ esse ich besonders gern.

Meine Schulsachen

1 Ergänze: *einen, eine, ein*?

1. Der Spitzer von Stefan ist praktisch. Ich möchte auch so _____ Spitzer.
2. Der Kugelschreiber von Tina ist schön. Ich möchte auch so _____ Kugelschreiber.
3. Die Schultasche von Tobias ist modern. Ich möchte auch so _____ Schultasche.
4. Das Heft von Sabine ist klein. Ich möchte auch so _____ Heft.
5. Der Filzstift von Peter ist super. Ich möchte auch so _____ Filzstift.
6. Das Mäppchen von Markus ist praktisch. Ich möchte auch so _____ Mäppchen.

2 Wie ist die Pluralform?

ein Buch — zwei _____

ein Heft — zwei _____

ein Bleistift — zwei _____

eine Schultasche — zwei _____

ein Lineal — zwei _____

ein Kugelschreiber — zwei _____

ein Mäppchen — zwei _____

eine Mappe — zwei _____

ein Radiergummi — zwei _____

96 sechsundneunzig

3 Ergänze: *den, die, das*?

1. Das ist mein Bleistift! Ich brauche _____ Bleistift.
2. Das ist mein Heft! Ich brauche _____ Heft.
3. Das ist mein Textmarker! Ich brauche _____ Marker.
4. Das ist meine Schere! Ich brauche _____ Schere.
5. Das ist mein Lineal! Ich brauche _____ Lineal.
6. Das ist meine Mappe! Ich brauche _____ Mappe.

4 Was suchst du?
Schreib Minidialoge wie im Beispiel.

1. ● Was suchst du? Das Buch?
   ● Ja, ich suche das Buch.

2. ● _____
   ● _____

3. ● _____
   ● _____

4. ● _____
   ● _____

5. ● _____
   ● _____

6. ● _____
   ● _____

Modul 3
Lektion 2

siebenundneunzig 97

5 Was brauchst du? Schreib ganze Sätze.

Ich brauche	den die das	Landkarte. Lineal. Schere. Spitzer. Bücher. Bleistift. Kugelschreiber. Matheheft.

1. Ich brauche _____
2. _____
3. _____
4. _____
5. _____
6. _____
7. _____
8. _____

6 Was passt zusammen? Verbinde. Schreib dann Sätze wie im Beispiel.

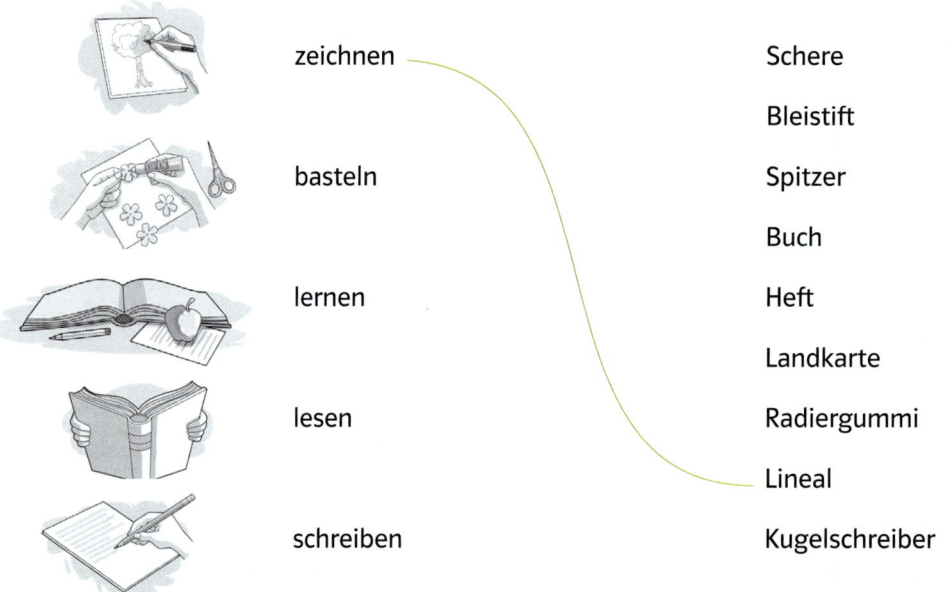

zeichnen — Schere
basteln — Bleistift
lernen — Spitzer
lesen — Buch
schreiben — Heft
— Landkarte
— Radiergummi
— Lineal
— Kugelschreiber

Ich möchte zeichnen. Ich brauche das Lineal.
_____
_____
_____
_____
_____

98 achtundneunzig

7 Wie ist dein Stundenplan?

	Montag	Dienstag	Mittwoch	Donnerstag	Freitag	Samstag
1.						
2.						
3.						
4.						
5.						
6.						
7.						
8.						

8 Was unterrichten sie? Frag und antworte wie in den Beispielen.

 Frau Bauer
Biologielehrerin

 Frau Hentschel
Religionslehrerin

 Herr Berger
Sportlehrer

 Frau Schmidt
Englischlehrerin

 Herr Stein
Mathematiklehrer

 Frau Hansmann
Deutschlehrerin

 Frau Kohl
Geschichtslehrerin

 Herr Müller
Kunstlehrer

1. Was unterrichtet Frau Bauer?   Sie unterrichtet Biologie.
2. Was unterrichtet Herr Berger?   Er unterrichtet _____
3. _____   _____
4. _____   _____
5. _____   _____
6. _____   _____
7. _____   _____
8. _____   _____

Modul 3 Lektion 2

9 Wie heißen deine Lehrer? Wie heißen deine Lehrerinnen?

1. Wie heißt dein Deutschlehrer / deine Deutschlehrerin?
   Er / Sie heißt _____

2. Wie heißt dein Englischlehrer / deine Englischlehrerin?
   _____

3. Wie heißt dein Mathelehrer / deine Mathelehrerin?
   _____

4. Wie heißt dein Sportlehrer / deine Sportlehrerin?
   _____

5. Wie heißt dein Kunstlehrer / deine Kunstlehrerin?
   _____

10 Wie heißen die Wochentage? Wie ist die Reihenfolge? Nummeriere die Tage.

Sa. _____ Fr. _____
Di. _____ Mo. _____
Mi. _____ So. _____
                        Do. _____

11 Wie findest du die Fächer?

1. Deutsch — *Ich finde Deutsch super!*
2. Mathematik — _____
3. Kunst — _____
4. Religion — _____
5. Geschichte — _____
6. Informatik — _____
7. Englisch — _____
8. Sport — _____

12 Ergänze die richtigen Formen von *finden*.

● Ich _____ Deutsch interessant. Und du? Wie _____ du Deutsch?

○ Ich _____ Deutsch schwer.

● Und Antonio? Wie _____ er Deutsch?

○ Er _____ Deutsch langweilig.

13 Interview mit Sebastian: Welche Fächer mag er, welche mag er nicht? ▶25

	☺	☹
Englisch	○	○
Mathe	○	○
Sport	○	○
Deutsch	○	○
Biologie	○	○

14 Stell Fragen.

1. _____?
   Nein, den brauche ich nicht.

2. _____?
   Zwei Kugelschreiber, einen Filzstift und einen Spitzer.

3. _____?
   Ja, ich suche sie.

4. _____?
   Ich habe Deutsch, Sport, Musik und Kunst.

5. _____?
   Nein, Informatik finde ich uninteressant.

6. _____?
   Langweilig!

15 Was hast du heute in deiner Schultasche?
Und in deinem Mäppchen?
Schreib es genau auf.

In meiner Schultasche habe ich ein Deutschbuch,
_____
_____

In meinem Mäppchen habe ich
_____
_____

Modul 3
Lektion 2

einhunderteins 101

Modul 3 Lektion 2

16 Was hast du mehr als einmal? Zähl genau.

Ich habe _____ _____ , _____ _____ ,

_____ _____ , _____ _____ ,

_____ _____ , _____ _____ ,

_____ _____ , …

17 Was hast du heute nicht in deiner Schultasche?

Heute habe ich kein… _____

_____ in der Schultasche.

18 Im Deutschunterricht: *den, die, das / die*?

Heute basteln wir ein Tier-Memory. Ich nehme _____ Bleistift und _____ Lineal und zeichne _____ Spielkarten. Dann nehme ich _____ Schere und schneide _____ Karten aus. Jetzt nehme ich Filzstifte und male Tiere auf die Karten: _____ Kanarienvogel male ich grün und gelb, _____ Katze schwarz, _____ Goldfische rot, _____ Hamster braun.

Nun spielen wir Memory: Jeder nimmt eine Karte und nennt _____ Tier.

19 Alles falsch! Wo steckt der Fehler? Schreib das Wort richtig.

Bleischtift _____   Schpitzer _____

Kugelschrieber _____   Radeirgummi _____

Französich _____   English _____

Mathemathik _____   Informathik _____

Deutsc _____   Geschichte _____

Was gibt es im Fernsehen?

1 Bist du ein Fernsehfan? Oder siehst du nicht viel fern? Schreib über dich.

Ich bin	ein / kein	Fernsehfan.
Ich sehe	gern / sehr gern / nicht sehr gern	fern.
Ich sehe	jeden Tag / nicht jeden Tag	fern.
Ich sehe	eine Stunde / zwei Stunden / … Stunden	pro Tag fern.
Ich sehe	von … bis …	fern.

Ich

---

2 Dialogpuzzle. Schreib den Dialog neu. Spiel den Dialog mit einem Partner.

- Ich sehe lieber Dokumentarfilme über Tiere.
- Ja, sehr gern.
- Was siehst du gern?
- Vielleicht 2, 3 Stunden.
- Ja, sehr viel, leider.
- Siehst du gern fern?
- Viel?
- Wie viele Stunden pro Tag?
- Sportschau, Krimis, Spielfilme.

einhundertdrei

Modul 3 Lektion 3

3 Erkennst du die Sendung?

---

1 23:35 ORF 2

Igor Stravinskij: Komponist

1971 starb Igor Stravinskij in New York. Der russische Komponist, der bis ins hohe Alter künstlerisch aktiv geblieben ist, erzählt aus seinem Leben. Sie hören Auszüge aus seinem Werk.

---

2 21:15 SAT. 1

Columbo – Der erste Mord

Peter Stones ist ein erfolgreicher TV-Moderator. Eines Tages wird er tot in seiner Wohnung aufgefunden. Kommissar Columbo steht vor einem Rätsel. Wer hat Peter getötet? Warum?

---

3 22:15 ZDF

Zimmer mit Frühstück

Die wunderschöne Senta Berger in der Rolle einer Frau, Elisabeth, die von ihrem Mann verlassen worden ist. Sie hat aber eine geniale Idee. Sie vermietet einige Zimmer ihrer Wohnung und …

---

4 16:30 ARD

Asterix bei den Briten

Nachdem Cäsar keine Mittel gefunden hat, das kleine gallische Dorf, in dem Asterix und Obelix leben, zu besiegen, führt er seine Legionen nach Britannien. Aber …

---

5 20:15 RTL

Wer wird Millionär?

Günther Jauch hat keinen Grund, traurig zu sein, obwohl er heute wieder jede Menge Geld verschenkt.

---

6 20:20 VOX

Universum – Das Land der Vulkane

Im fernen Osten Russlands liegt ein Land der Vulkane – Kamtschatka. Auf der Halbinsel ragen die Vulkane in den Himmel, von denen viele noch aktiv sind.

Nr. 1 ist _____

Nr. 2 ist _____

Nr. 3 ist _____

Nr. 4 ist _ein Zeichentrickfilm._

Nr. 5 ist _____

Nr. 6 ist _____

4 Schreib die Wörter in die richtige Liste.

Konzert   Krimi   Film   Komödie   Sport
Serie   Sendung   Magazin
Kultur   Show
Programm   Nachrichten

der	die	das	die (Plural)
		Konzert	

5 Schreib nun diese Wörter in die richtige Liste.

Fernsehnachrichten
Talkshow   Mittagsmagazin
Krimiserie   Tagesschau
Kulturprogramm   Dokumentarfilm
Spielfilm   Liebesfilm
Fernsehprogramm   Sportschau
Abendserie   Quizshow
Literaturmagazin   Sportnachrichten
Lieblingsfilm

der	die	das	die (Plural)
Liebesfilm			

6 Ergänze die Tabelle.

	sehen	sprechen
ich		
du		sprichst
er, sie, es	sieht	
wir		sprechen
ihr	seht	
sie		
Sie (höflich)		

7 Meine Lieblingssendungen.

Schreib den Namen deiner Lieblingssendungen in den Kasten. Schreib dann ganze Sätze wie im Beispiel. Verwende die Adjektive aus dem Kursbuch (S. 45, Ü. 9).

Film: _____
Quizshow: _____
Sportsendung: _____
Krimi: _____
Zeichentrickserie: _____
Talkshow: _____

1. *Mein Lieblingsfilm ist _____*
   Ich finde ihn toll!

2. *Meine Lieblingsquizshow ist _____*
   Ich finde sie _____

3. _____

4. _____

5. _____

6. _____

8 Spielt Minidialoge wie in den Beispielen.
(+ = positive Adjektive; − = negative Adjektive)

1. Frau Meier, Nachrichten (+)
2. Anna, Sportsendung (−)
3. Hans, Krimi (+)
4. Frau Bauer, Dokumentarfilm (+)
5. Stefan, Kulturprogramm (−)
6. Peter, Talkshow (−)
7. Herr Müller, Quizshow (−)
8. Markus, Zeichentrickserie (+)

1. ● *Frau Meier, wie finden Sie Nachrichten?*
   ○ *Ich finde sie interessant.*

2. ● *Anna, wie findest du die Sportsendung?*
   ○ *Ich finde sie langweilig.*

9 Ergänze: *ihn, sie, es*?

1. Sehen wir den Film?
   Nein, ich finde _____ langweilig.

2. Wie findest du Brad Pitt?
   Ach, ich finde _____ sehr schön.

3. Und wie findest du Julia Roberts?
   Ach, ich finde _____ sehr charmant.

4. Immer Talkshows! Ich finde _____ langweilig.

5. Siehst du gern das Kulturprogramm?
   Ja, ich sehe _____ sehr gern.

6. Meine Lieblingssendung ist „Sport am Montag". Ich sehe _____ jede Woche.

10 Ergänze: *einen, eine, ein*?

1. Wann gibt es _____ Krimi?
2. Wann gibt es _____ Kulturprogramm?
3. Wann gibt es _____ Sportsendung?
4. Wann gibt es _____ Talkshow?
5. Wann gibt es _____ Film?

11 Ergänze: *den, die, das*?

1. Ich sehe _____ Krimi gern.

2. Petra sieht _____ Kulturprogramm gern.

3. Eva sieht _____ Sportsendung gern.

4. Meine Eltern sehen _____ Talkshow gern.

5. Herr Meier sieht _____ Film gern.

12 Dialog über das Fernsehprogramm.
Nehmt das Fernsehprogramm von heute. Spielt den Dialog.
Einigt euch auf eine Sendung.

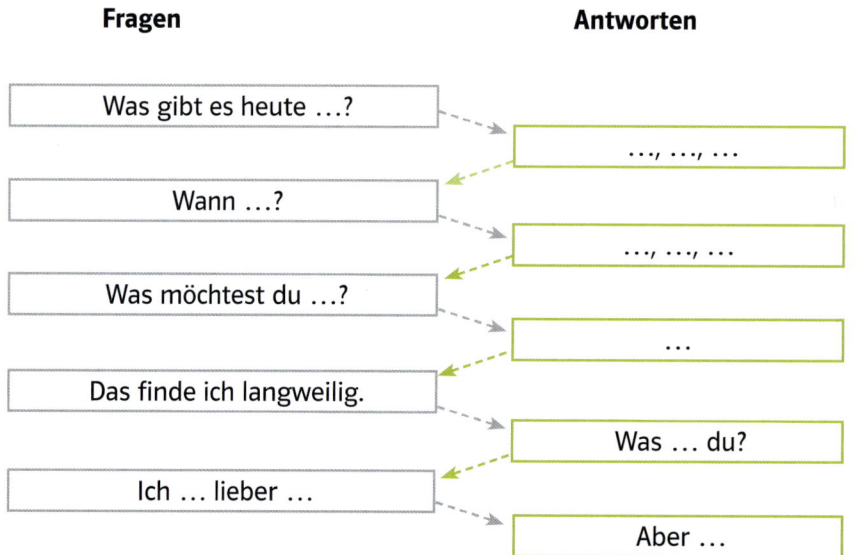

13 Hör zu: Wie viel Uhr ist es? Kreuz an. ▶31

1. ○ 8.15   ○ 8.50   ○ 8.55
2. ○ 10.15   ○ 15.10   ○ 10.50
3. ○ 14.30   ○ 14.13   ○ 13.40
4. ○ 21.20   ○ 21.00   ○ 20.20
5. ○ 18.15   ○ 18.30   ○ 18.35
6. ○ 12.10   ○ 10.20   ○ 20.10

14 Stell Fragen.

1. _____?
   Nein, ich sehe nicht so gern fern.

2. _____?
   Es gibt einen Film.

3. _____?
   Um 20.00 Uhr.

4. _____?
   Ich sehe gern Krimis.

5. _____?
   Natürlich möchte ich ihn sehen.

6. _____?
   Ich finde ihn langweilig.

7. _____?
   Meine Lieblingssendung ist die Sportschau.

15 Schreib alle Adjektive, die du kennst.

☺   ☹

16 Richtig schreiben. Schreib den Text neu. Denk an die Großschreibung.

Ichsehejedentagfern,abernichtviel,nureineoderzweistunden.besondersgernseheichdokumentarfilme,siesindsehrinformativundinteressant.amabendseheichimmerumzwanzigUhrdienachrichtenunddanndiesportschau.umzweiundzwanziguhrgeheichinsbett.

Modul 3
Lektion 3

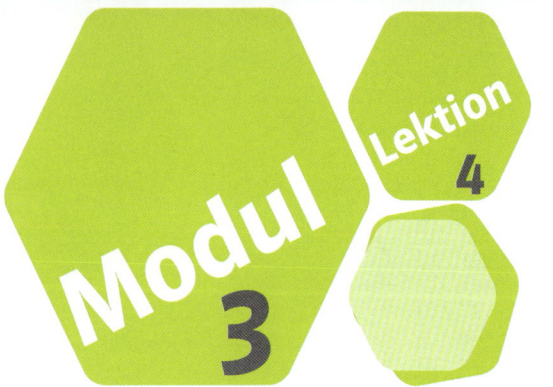

Um wie viel Uhr stehst du auf?

1 Wie spät ist es? Was gehört zusammen?

So sagt man privat:

1. ⏰ Uhr   a. Viertel nach sechs
2. ⏰ Uhr   b. zehn nach sechs
3. ⏰ Uhr   c. fünf vor halb zwei
4. ⏰ Uhr   d. halb eins
5. ⏰ Uhr   e. fünf vor fünf
6. ⏰ Uhr   f. Viertel vor vier
7. ⏰ Uhr   g. fünf nach halb sieben
8. ⏰ Uhr   h. halb zehn

2 Hör zu und notier, wie spät es ist. ▶34

1. _____
2. _____
3. _____
4. _____
5. _____
6. _____

110 einhundertzehn

3 Mal die Uhrzeiten ein. Vergleiche dann mit deinem Partner.

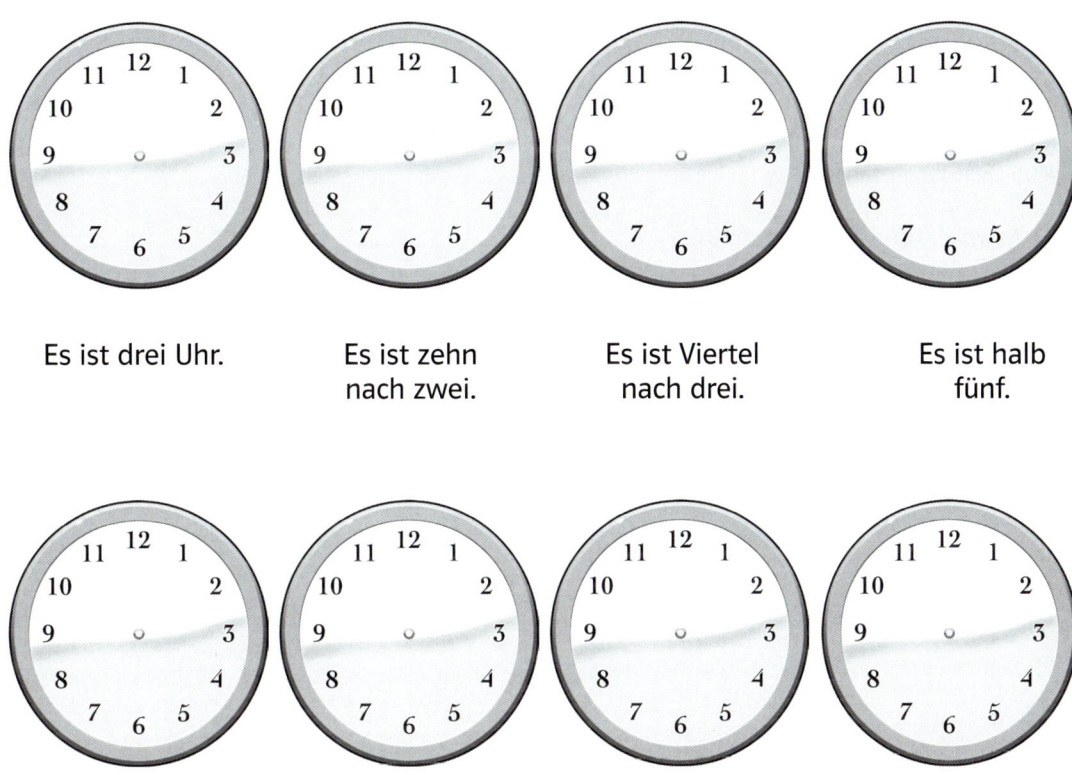

Es ist drei Uhr.   Es ist zehn nach zwei.   Es ist Viertel nach drei.   Es ist halb fünf.

Es ist fünf vor halb fünf.   Es ist fünf nach halb fünf.   Es ist Viertel vor acht.   Es ist fünf vor zehn.

4 Antworte wie im Beispiel (privat).

1. Wann ist Frühstück? (7.15) – Um *Viertel nach sieben.*
2. Wann ist Mittagessen? (12.30) – Um _____
3. Wann ist Abendessen? (18.45) – Um _____
4. Wann fängt die Schule an? (8.10) – Um _____
5. Wann ist Pause? (10.40) – Um _____
6. Wann ist die Schule aus? (13.25) – Um _____
7. Wann fährt der Bus? (13.50) – Um _____

5 Monikas Tagesablauf. Monika erzählt.

7.10 (aufstehen) — *Um zehn nach sieben stehe ich auf.*

7.20 (frühstücken) ___

7.45 (zur Schule fahren) ___

8.05 (Schule, anfangen) ___

13.30 (nach Hause zurückfahren) ___

13.45 (zu Mittag essen) ___

15.00 – 18.00 (Hausaufgaben machen) ___

18.10 (Judith anrufen) ___

18.15 – 19.00 (fernsehen) ___

19.30 (zu Abend essen) ___

21.50 (schlafen gehen) ___

6 Ergänze die Tabelle.

	fahren	anfangen	aufstehen
ich		fange … an	
du			stehst … auf
er, sie, es	fährt	fängt … an	
wir			
ihr	fahrt		
sie			stehen … auf
Sie (höflich)			

7 Schreib die Fragen und Antworten wie im Beispiel. Achte auf die Wortstellung.

aufstehen: Monika wann? — *Wann steht Monika auf?*

Um 7.10 Uhr — *Um 10 nach 7 steht sie auf.*

Sie steht um 10 nach 7 auf.

frühstücken: wann? ___

Um 7.20 Uhr ___

anfangen: Schule wann?

Um 8.05 Uhr

anrufen: Judith wann?

Um 18.10 Uhr

fernsehen: Judith wann?

18.15 – 19.00 Uhr

8 Rekonstruiere den Dialog. Stell die passenden Fragen.

○ _____ ?

● Um 7.00 Uhr.

○ _____ ?

● Ich frühstücke um 7.30 Uhr.

○ _____ ?

● Brot mit Butter und Marmelade.

○ _____ ?

● Die Schule fängt um 8.00 Uhr an.

○ _____ ?

● Ich bleibe von 8.00 Uhr bis 13.00 Uhr in der Schule.

○ _____ ?

● Ich komme um 13.30 Uhr nach Hause zurück.

○ _____ ?

● Am Nachmittag lerne ich für die Schule.

○ _____ ?

● Nein, ich sehe nicht so gern fern.

○ _____ ?

● Abendessen ist bei uns um 19.00 Uhr.

○ _____ ?

● Um 21.30 Uhr.

einhundertdreizehn

Modul 3 Lektion 4

9 Wie ist dein Tagesablauf? Erzähle.

Um wie viel Uhr?	Was?
7.10 Uhr	Ich stehe auf.

10 Stefans Wochenplan.
Was macht Stefan diese Woche? Erzähle.

Montag	Dienstag	Mittwoch
Musikschule	Kino	nach Stuttgart

Donnerstag	Freitag	Samstag	Sonntag
Schwimmbad	Italienischkurs	zu Hause	Peter anrufen

Am Montag geht Stefan in die Musikschule.

11 Ergänze: *in den, in die, ins*?

1. Am Montag gehe ich _____ Musikschule.
2. Am Dienstag gehe ich _____ Schwimmbad.
3. Am Mittwoch gehe ich _____ Park.
4. Am Donnerstag gehe ich _____ Italienischkurs.
5. Am Freitag gehe ich _____ Pizzeria.
6. Am Samstag gehe ich _____ Kino.

12 Was gehört zusammen?

1. der Morgen   a. 17.00 – 23.00 Uhr
2. der Vormittag   b. 12.00 – 14.00 Uhr
3. der Mittag   c. 6.00 – 9.00 Uhr
4. der Nachmittag   d. 23.00 – 6.00 Uhr
5. der Abend   e. 9.00 – 12.00 Uhr
6. die Nacht   f. 14.00 – 17.00 Uhr

13 Ergänze: *um* oder *am*?

1. Hans frühstückt _____ 7.20 Uhr.
2. _____ Sonntag schlafe ich bis 10.00 Uhr.
3. Die Schule fängt _____ 8.15 Uhr an.
4. Wir essen _____ 19.30 Uhr zu Abend.
5. _____ Montag gehen wir _____ 9.00 Uhr in die Schule.
6. _____ Samstagabend gehen wir ins Kino.
7. Peter fährt _____ 13.00 Uhr nach Hause zurück.
8. _____ Abend sehe ich gern fern.

14 *Uhr* oder *Stunde(n)*? Kreuz das richtige Wort an.

	Uhr	Stunde(n)	
1. Es ist jetzt 21.00			
2. Jeden Tag sehe ich eine			fern.
3. Um 15.00			mache ich meine Hausaufgaben.
4. Ich bin jetzt zwei			im Italienischkurs.
5. Wir haben jeden Tag sechs			Unterricht.
6. Ich komme um 14.00			nach Hause.
7. Von 15.00 bis 18.00			bin ich bei Brigitte.
8. In zwei			bin ich wieder da.

15 Bilde Sätze.

1. jeden Tag • aufstehen • 7.00 Uhr • um • er

   Jeden Tag _____

2. Freitagnachmittag • wir • am • zusammen • auf den Sportplatz • gehen

   _____

3. Dienstag • die Schule • anfangen • 9.00 Uhr • am • um

   _____

4. Abend • fernsehen • nicht so gern • Anna • am

   _____

5. Hans • 13.30 Uhr • nach Hause • um • zurückfahren

   _____

6. meine Freundin Monika • ich • 19.00 Uhr • anrufen • um

   _____

16 Klaus lädt Susi ein, aber … Hör zu. ▶39
Was stimmt? Kreuz an.

1. Klaus lädt Susi … ein.
   ○ in die Eisdiele
   ○ ins Kino
   ○ ins Restaurant

2. Heute ist
   ○ Donnerstag.
   ○ Samstag.
   ○ Sonntag.

3. Susi geht heute Abend
   ○ in die Eisdiele.
   ○ ins Kino.
   ○ in die Sprachschule.

4. Klaus und Susi treffen sich
   ○ am Donnerstag.
   ○ am Samstag.
   ○ am Sonntag.

5. Angelika ist eine Freundin von
   ○ Klaus.
   ○ Susi.
   ○ Klaus und Susi.

6. Angelika kommt mit. Klaus findet das
   ○ schön.
   ○ blöd.
   ○ lustig.

17 Wann kommt er?

Montag, am Abend ⟶ am *Montagabend*

Sonntag, am Mittag ⟶ am _____

Freitag, am Vormittag ⟶ am _____

Dienstag, in der Nacht ⟶ _____

18 Richtig schreiben: 7 Tage, 5 Fehler.
Streich die falschen Wochentage durch. Schreib sie dann richtig.

	richtig
Montag	_____
Dinstag	_____
Mitwoch	_____
Donerstag	_____
Freitag	_____
Sammstag	_____
Sontag	_____

Modul 3 Wortschatz

Wortschatz Modul 3 (Lektion 1–4)

Hier findest du die Einzelwörter und die Sätze aus den Lektionen Seite für Seite.
Bei Substantiven steht auch die Pluralform. Ganz links findest du die Seitenzahl im Kursbuch.
Schreib die Übersetzung in die rechte Spalte.

	Lektion 1:		Meine Sprache
28	die Pause, -n		
	essen, ich esse, du isst, er isst	Was möchtest du in der Pause essen?	
	der Schokoriegel, -	Ich esse lieber einen Schokoriegel.	
	heute	Was isst du heute?	
	der Hunger (Singular)	Ich habe Hunger.	
	nichts	Ich esse nichts. Ich habe keinen Hunger.	
29	der Kuchen, -	Wir essen einen Kuchen.	
	der Joghurt, -s		
	der Saft, Säfte	Ich trinke Saft.	
	die Banane, -n	Sie isst gern Bananen.	
	die Birne, -n		
	die Schokolade, -n		
	die Tafel, -n	Er isst eine Tafel Schokolade.	
	die Limonade, -n	Wer trinkt ein Glas Limonade?	
	das Brot, -e		
	das Käsebrot, -e	Möchtest du ein Käsebrot?	
	das Wurstbrot, -e		
	das Stück, -e		
	die Torte, -n		
	das Stück Torte	Ich esse ein Stück Torte.	
	die Chips (Plural)	Sie isst lieber Chips.	
	das Knäckebrot, -e	Magst du Knäckebrot?	

30	der Durst (Singular)	Ich habe Durst. Ich habe keinen Durst.
32	die Bude, -n	
	die Wurstbude, -n	
	die Currywurst, -würste	
	nehmen, du nimmst, er nimmt	Ich nehme eine Currywurst. Und was nimmst du?
	der Hamburger, -	
	Entschuldigung, …	
	kosten	Entschuldigung, was kostet ein Hamburger?
	die Speise, -n	
	die Suppe, -n	
	die Gulaschsuppe, -n	
	das Paar, -e	
	das Würstchen, -	ein Paar Würstchen mit Brot
	der Schinken, -	
	das Schinkenbrötchen, -	
	die Pizza, -s (auch: die Pizzen)	ein Stück Pizza
	die Portion, -en	
	die Pommes frites (Plural)	eine Portion Pommes frites
	das Getränk, -e	
	die Fanta, -s	eine Dose / eine Flasche Fanta
	die Flasche, -n	die Flasche Mineralwasser
34	bitte sehr	Keinen Apfel, bitte sehr!

Meine neuen Wörter

Lektion 2:	Meine Sprache
35 die Schule, -n	Er geht in die Schule.
die Schulsachen (Plural)	Das sind meine Schulsachen.
der Bleistift, -e	
der Kugelschreiber, -	
der Spitzer, -	
der Radiergummi, -s	
der Textmarker, -	
der Filzstift, -e	
das Buch, Bücher	
das Heft, -e	
das Lineal, -e	
das Mäppchen, -	
die Tasche, -n	
die Schultasche, -n	
die Schere, -n	

Modul 3
Wortschatz

	die Mappe, -n	
	die Landkarte, -n	
	gleich	Finde gleiche Pluralformen.
36	fertig	Wer ist zuerst fertig?
38	suchen	Wer sucht was?
	der Stundenplan, -pläne	
	die Mathematik (= Mathe)	
	der Sport, Sportarten	
	die Erdkunde	
	die Biologie	
	die Religion	
	die Geschichte	
	die Musik	
	die Kunst	
	die Informatik	
	das Fach, Fächer	
	erkennen	Erkennst du das Fach?
39	das Lieblingsfach, -fächer	
	Wann?	
	der Montag, -e	Wann hat Tina Deutsch? Am Montag.
	der Dienstag, -e	
	der Mittwoch, -e	
	der Donnerstag, -e	
	der Freitag, -e	
	der Samstag, -e	
	der Sonntag, -e	
	finden	Wie findest du Mathe?
	prima	Ich finde Mathe prima.
	super	

einhunderteinundzwanzig 121

	toll	
	interessant	
	langweilig	
	doof	
	uninteressant	
	schwer	Deutsch ist nicht schwer.
40	der Wochentag, -e	Wie heißen die Wochentage?
41	mithaben	Hast du alles mit?
	das Matheheft, -e	
	vergessen	Ich habe das Matheheft vergessen.
	Danke.	Danke schön.

Meine neuen Wörter

Lektion 3:		Meine Sprache
42	das Fernsehen (Singular)	
	es gibt	Was gibt es im Fernsehen?
	der Fernsehfan, -s	Bist du ein Fernsehfan?
	fernsehen	Ich sehe gern fern.
	pro	
	die Stunde, -n	Wie viele Stunden pro Tag siehst du fern?
	Von wann bis wann?	Von wann bis wann siehst du fern?

43	von … bis	von 18.00 bis 20.00 Uhr
	berichten	Berichte über die Umfrage.
	die Sendung, -en	die Fernsehsendung
	die Quizshow, -s	„Wer wird Millionär" ist eine Quizshow.
	die Nachricht, -en	
	die Nachrichten (Plural)	die Fernsehnachrichten
	der Film, -e	Wie findest du den Film?
	die Serie, -n	
	die Zeichentrickserie, -n	„Garfield" ist eine Zeichentrickserie.
	der Dokumentarfilm, -e	
	das Programm, -e	
	die Kultur, -en	das Kulturprogramm
	der Krimi, -s	die Krimiserie
	die Sportsendung, -en	
	die Kontrolle, -n	Zur Kontrolle: Hör zu.
44	sehen, ich sehe, er sieht	
	die Tagesschau (Singular)	Siehst du die Tagesschau auch so gern?
	die Lieblingssendung, -en	Meine Lieblingssendung ist „Schloss Einstein".
45	die Komödie, -n	Ich mag Fernseh-Komödien.
	die Talkshow, -s	
	unterhaltsam	Tina findet den Film unterhaltsam.
	informativ	Die Nachrichtensendung ist informativ.
	spannend	Der Krimi ist spannend.
	die Uhrzeit, -en	
	offiziell	die offizielle Uhrzeit (Radio, Fernsehen, …)
	20.15 Uhr	Es ist zwanzig Uhr fünfzehn.
46	beginnen	Wann beginnt die Sendung?

	um	– Um acht Uhr.
47	Wie viel …?	Wie viel Uhr ist es? – Es ist 15.20 Uhr.

Meine neuen Wörter

Lektion 4:		Meine Sprache
49	die Uhr, -en	
	spät	Wie spät ist es?
	das Viertel, -	
	nach	Es ist Viertel nach zwei.
	halb	Es ist halb drei.
	vor	Es ist Viertel vor drei.
	privat	Uhrzeiten privat
	zeigen	
	die Zeit, -en	Die Uhr zeigt die Zeit.

50	aufstehen, ich stehe auf, er steht auf	Um sieben Uhr stehe ich auf.
	das Radio, -s	Ich höre Radio.
	frühstücken	Ich frühstücke um acht.
	Na, …	Na, was machst du um halb acht?
	der Bus, Busse	Fährst du mit dem Bus?
	ab und zu	
	mal	Ich sehe ab und zu mal fern.
	das Tennis (Singular)	Ich spiele Tennis.
	wunderschön	Ich finde das wunderschön.
	der Tagesablauf, -abläufe	Tinas Tagesablauf
	zunächst	Sie geht zunächst ins Bad.
	dann	Dann geht sie in die Küche.
	die Butter (Singular)	
	die Marmelade, -n	Sie isst Brot mit Butter und Marmelade.
	zur Schule	
	fahren, ich fahre, er fährt	Sie fährt mit dem Bus zur Schule.
	der Unterricht (Singular)	
	anfangen, ich fange an, er fängt an	Der Unterricht fängt um 8.10 Uhr an.
	nach Hause	
	aus	Um 12.00 Uhr ist die Schule aus.
	zurückfahren, ich fahre zurück, er fährt zurück	Sie fährt nach Hause zurück.
	das Mittagessen, -	nach dem Mittagessen
	lernen	
	für	Sie lernt für die Schule.
	anrufen, ich rufe an, er ruft an	Sie ruft Brigitte an.
	zweimal	zweimal pro Woche
	der Tennisclub, -s	Sie geht in den Tennisclub.

Modul 3 Wortschatz

	der Abend, -e	Um 19.00 Uhr essen sie zu Abend.
	schlafen, ich schlafe, er schläft	Sie geht spät schlafen.
51	Um wie viel Uhr …?	Um wie viel Uhr geht Tina schlafen?
	der Nachmittag, -e	
	das Abendessen, -	nach dem Abendessen
52	das Frühstück, -e	Was isst du zum Frühstück?
	treiben	Treibst du Sport?
	Wie lange?	Wie lange bleibst du in der Schule?
	die Woche, -n	
	der Plan, Pläne	Tinas Wochenplan
	das Schwimmbad, -bäder	Sie geht ins Schwimmbad.
	schwimmen	Schwimmst du gern?
	bleiben	Sie bleibt zu Hause.
	die Klassenarbeit, -en	Sie lernt für die Klassenarbeit.
	die Fahrt, -en	eine Fahrt nach München
	besuchen	Sie möchte Tante Eva besuchen.
53	Wohin?	Wohin geht Stefan?
	dieser, diese, dieses	diese Woche
	der Montagnachmittag, -e	
	der Abend, -e	der Mittwochabend
	der Morgen, -	der Sonntagmorgen
	das Kino, -s	Sie gehen ins Kino.
	der Sportplatz, -plätze	Wir gehen auf den Sportplatz.
	der Park, -s	Wir gehen in den Park.
	die Sprachschule, -n	Er besucht die Sprachschule.
	die Kirche, -n	Am Sonntag geht er in die Kirche.
54	markieren	

das Kästchen, -		
die Farbe, -n	Markier die Kästchen mit Farbe.	
die Aktivität, -en		
zu Abend essen	Wann esst ihr zu Abend?	
zu Mittag essen	Was esst ihr zu Mittag?	
am	Er spielt am Computer.	
z. B.	zum Beispiel	
auch	Hast du auch am Samstag Schule?	
jeder, jede, jedes	Jeden Tag ist Schule.	
der Kurs, -e	Ich besuche einen Musikkurs.	
die Gitarre, -n	Ich lerne Gitarre spielen.	
sagen	Sag mal, …	
da	Am Mittwoch, da bleibe ich zu Hause.	
also	Also, Martina, in welcher Klasse bist du?	

Meine neuen Wörter

Bildquellen

U1 iStockphoto / MaszaS • **S. 7.1** shutterstock (Eric Isselee), New York NY • **S. 7.2** shutterstock (Marina Khlybova), New York NY • **S. 7.3** iStockphoto (GlobalP), Calgary, Alberta • **S. 7.4** shutterstock (Vangert), New York NY • **S. 7.5** shutterstock (withGod), New York NY • **S. 7.6** shutterstock (Erik Lam), New York NY • **S. 7.7** shutterstock (Tsekhmister), New York NY • **S. 7.8** shutterstock (Jian Hongyan), New York NY • **S. 7.9** shutterstock (vovan), New York NY • **S. 7.10** shutterstock (Tracy Starr), New York NY • **S. 10.1** shutterstock (Galayko Sergey), New York NY • **S. 10.2** shutterstock (Volosina), New York NY • **S. 10.3** shutterstock (Olga Popova), New York NY • **S. 10.4** shutterstock (Roman Samokhin), New York NY • **S. 10.5** shutterstock (kamnuan shutterstock(kamnuan), New York NY • **S. 10.6** shutterstock (briam), New York NY • **S. 10.7** shutterstock (kamnuan), New York NY • **S. 10.8** shutterstock (luchschen), New York NY • **S. 10.9** shutterstock (Evgeny Karandaev), New York NY • **S. 10.10** shutterstock (Vikulin), New York NY • **S. 10.11** shutterstock (Iakov Filimonov), New York NY • **S. 10.12** iStockphoto (GlobalStock), Calgary, Alberta • **S. 10.13** shutterstock (Bradley Hebdon), New York NY • **S. 12.1** shutterstock (Lynn Currie), New York NY • **S. 12.2** shutterstock (vovan), New York NY • **S. 12.3** shutterstock (Vangert), New York NY • **S. 12.4** shutterstock (Marina Khlybova), New York NY • **S. 12.5** shutterstock (Eric Isselee), New York NY • **S. 12.6** shutterstock (Olga Popova), New York NY • **S. 12.7** shutterstock (Fotofermer), New York NY • **S. 12.8** shutterstock (kamnuan shutterstock(kamnuan), New York NY" • **S. 12.9** shutterstock (briam), New York NY • **S. 12.10** shutterstock (kamnuan), New York NY • **S. 12.11** shutterstock (Evgeny Karandaev), New York NY • **S. 12.12** shutterstock (Roman Samokhin), New York NY • **S. 12.13** shutterstock (luchschen), New York NY • **S. 12.14** Shutterstock (Volosina), New York NY • **S. 12.15** shutterstock (Tsekhmister), New York NY • **S. 12.16** shutterstock (Galayko Sergey), New York NY • **S. 15.1** © Max Diesel – Fotolia.com • **S. 15.2** Shutterstock (Peter Zachar), New York NY • **S. 15.3** Shutterstock (manfredxy), New York NY • **S. 15.4** Shutterstock (Matthew Dixon),New York NY • **S. 15.5** © Jan Schuler – Fotolia.com • **S. 16.1** iStockphoto (bowdenimages), Calgary, Alberta • **S. 16.2** shutterstock (AVAVA), New York NY • **S. 16.3** shutterstock (Suzanne Tucker), New York NY • **S. 16.4** shutterstock (auremar), New York NY • **S. 16.5** shutterstock (michaeljung), New York NY • **S. 16.6** shutterstock (), New York NY • **S. 18.1** shutterstock (oliveromg), New York NY • **S. 18.2** iStockphoto (fstop123), Calgary, Alberta • **S. 18.3** shutterstock (Rob Bayer), New York NY • **S. 18.4** shutterstock (Zurijeta), New York NY • **S. 18.5** iStockphoto (GlobalStock), Calgary, Alberta • **S. 18.6** shutterstock (Zurijeta), New York NY • **S. 18.7** shutterstock (goodluz), New York NY • **S. 20.1** shutterstock (auremar), New York NY • **S. 20.2** © luminastock / fotolia.com • **S. 20.3** shutterstock (auremar), New York NY • **S. 22.1** iStockphoto (Terry)], Calgary, Alberta • **S. 22.2** iStockphoto (kali9), Calgary, Alberta • **S. 22.3** shutterstock (Zurijeta), New York NY • **S. 29.1** shutterstock (Inga Nielsen), New York NY • **S. 29.2** shutterstock (as3), New York NY • **S. 29.3** shutterstock (Nils Z), New York NY • **S. 29.4** iStockphoto (fotostok_pdv), Calgary, Alberta • **S. 29.5** iStockphoto (RedHelga), Calgary, Alberta • **S. 29.6** shutterstock (Fotofermer), New York NY • **S. 29.7** shutterstock (Winston Link), New York NY • **S. 29.8** iStockphoto (karandaev), Calgary, Alberta • **S. 29.9** shutterstock (urfin), New York NY • **S. 29.10** iStockphoto (HighImpactPhotography), Calgary, Alberta • **S. 29.11** © rdnzl / fotolia.com • **S. 29.12** © rdnzl / fotolia.com • **S. 29.13** shutterstock (sosha), New York NY • **S. 29.14** shutterstock (Evgeny Karandaev), New York NY • **S. 29.15** © Bernd Jürgens / fotolia.com • **S. 29.16** iStockphoto (Caziopeia), Calgary, Alberta • **S. 30.1** iStockphoto (karandaev), Calgary, Alberta • **S. 30.2** shutterstock (Fotofermer), New York NY • **S. 30.3** shutterstock (sosha), New York NY • **S. 30.4** © rdnzl / fotolia.com • **S. 30.5** shutterstock (as3), New York NY • **S. 30.6** © Bernd Jürgens / fotolia.com • **S. 30.7** shutterstock (Inga Nielsen), New York NY • **S. 30.8** iStockphoto (Caziopeia), Calgary, Alberta • **S. 30.9** iStockphoto (fotostok_pdv), Calgary, Alberta • **S. 30.10** shutterstock (Nils Z), New York NY • **S. 30.11** shutterstock (Winston Link), New York NY • **S. 30.12** © rdnzl / fotolia.com • **S. 30.13** shutterstock (urfin), New York NY • **S. 30.14** shutterstock (Inga Nielsen), New York NY • **S. 30.15** shutterstock (RedHelga), Calgary, Alberta • **S. 30.16** shutterstock (sosha), New York NY • **S. 31.1** shutterstock (Nils Z), New York NY • **S. 31.2** iStockphoto (RedHelga), Calgary, Alberta • **S. 31.3** shutterstock (Evgeny Karandaev), New York NY • **S. 31.4** iStockphoto (karandaev), Calgary, Alberta • **S. 31.5** © rdnzl / fotolia.com • **S. 31.6** © rdnzl / fotolia.com • **S. 31.7** shutterstock (sosha), New York NY • **S. 31.8** iStockphoto (Caziopeia), Calgary, Alberta • **S. 31.9** shutterstock (Inga Nielsen), New York NY • **S. 31.10** shutterstock (sosha), New York NY • **S. 31.11** iStockphoto (fotostok_pdv), Calgary, Alberta • **S. 31.12** shutterstock (Winston Link), New York NY • **S. 33.1** iStockphoto (HighImpactPhotography), Calgary, Alberta • **S. 33.2** © rdnzl / fotolia.com • **S. 33.3** shutterstock (sosha), New York NY • **S. 33.4** shutterstock (Nils Z), New York NY • **S. 33.5** iStockphoto (dsafanda), New York NY • **S. 33.6** shutterstock (as3), New York NY • **S. 33.7** shutterstock (Winston Link), New York NY • **S. 33.8** shutterstock (Evgeny Karandaev), New York NY • **S. 35.1** shutterstock (rvlsoft), New York NY • **S. 35.2** shutterstock (Mark III Photonics), New York NY • **S. 35.3** shutterstock (nito), New York NY • **S. 35.4** shutterstock (Julian Rovagnati), New York NY • **S. 35.5** © Ekkehard Stein / fotolia.com • **S. 35.6** shutterstock (Kitch Bain), New York NY • **S. 35.7** shutterstock (MTrebbin), New York NY • **S. 35.8** shutterstock (Garsya), New York NY • **S. 35.9** shutterstock (mistery), New York NY • **S. 35.10** iStockphoto (onebluelight), Calgary, Alberta • **S. 35.11** iStockphoto (DonNichols), Calgary, Alberta • **S. 35.12** iStockphoto (dsafanda), Calgary, Alberta • **S. 35.13** shutterstock (nito), New York NY • **S. 35.14** shutterstock (ildogesto), New York NY • **S. 37.1** iStockphoto (onebluelight), Calgary, Alberta • **S. 38.1** shutterstock (Mark III Photonics), New York NY • **S. 38.2** shutterstock (dsafanda), New York NY • **S. 38.3** © Ekkehard Stein / fotolia.com • **S. 38.4** shutterstock (mistery), New York NY • **S. 38.5** shutterstock (Garsya), New York NY • **S. 38.6** shutterstock (nito), New York NY • **S. 43.1** iStockphoto (PinkTag), Calgary, Alberta • **S. 43.2** Foto: NDR / Uwe Ernst • **S. 43.3** © Monika Wisniewska / fotolia.com • **S. 43.4** © Andrey Kiselev - Fotolia.com • **S. 43.5** shutterstock (withGod), New York NY • **S. 43.6** shutterstock (SasinT), New York NY • **S. 43.7** © apfelweile / fotolia.com • **S. 43.8** Shutterstock (Faraways), New York NY • **S. 45.2** shutterstock (Lim Yong Hian), New York, NY • **S. 49.1** shutterstock (Lim Yong Hian), New York, NY • **S. 56.1** shutterstock (Aron Amat), New York NY • **S. 56.2** shutterstock (Andrey Arkusha), New York NY • **S. 62.1** shutterstock (Ecelop), New York NY • **S. 62.2** shutterstock (KoQ Creative), New York NY • **S. 62.3** shutterstock (Dragana Gerasimoski), New York NY • **S. 72.1** shutterstock (Eric Isselee), New York NY • **S. 72.2** iStockphoto (GlobalP), Calgary, Alberta • **S. 72.3** shutterstock (vovan), New York NY • **S. 72.4** shutterstock (Vangert), New York NY • **S. 72.5** shutterstock (Erik Lam), New York NY • **S. 72.6** shutterstock (Tsekhmister), New York NY • **S. 72.7** shutterstock (Marina Khlybova), New York NY • **S. 72.8** shutterstock (Vangert), New York NY • **S. 72.9** shutterstock (Tsekhmister), New York NY • **S. 72.10** shutterstock (Erik Lam), New York NY • **S. 72.11** iStockphoto (GlobalP), Calgary, Alberta • **S. 73.1** shutterstock (Eric Isselee), New York NY • **S. 73.2** shutterstock (Vangert), New York NY • **S. 73.3** shutterstock (Marina Khlybova), New York NY • **S. 73.4** shutterstock (Erik Lam), New York NY • **S. 73.5** shutterstock (Jian Hongyan), New York NY • **S. 73.6** iStockphoto (GlobalP), Calgary, Alberta • **S. 73.7** shutterstock (withGod), New York NY • **S. 73.8** shutterstock (vovan), New York NY • **S. 73.9** shutterstock (Eric Isselee), New York NY • **S. 73.10** shutterstock (Marina Khlybova), New York NY • **S. 73.11** shutterstock (Vangert), New York NY • **S. 73.12** shutterstock (vovan), New York NY • **S. 73.13** shutterstock (Tracy Starr), New York NY • **S. 73.14** iStockphoto (GlobalP), Calgary, Alberta • **S. 73.15** shutterstock (withGod), New York NY • **S. 73.16** shutterstock (Erik Lam), New York NY • **S. 73.17** shutterstock (Tsekhmister), New York NY • **S. 73.18** shutterstock (Jian Hongyan), New York NY • **S. 74.1** shutterstock (Maks Narodenko), New York NY • **S. 74.2** shutterstock (Olga Popova), New York NY • **S. 74.3** shutterstock (Roman Samokhin), New York NY • **S. 74.4** Shutterstock (Volosina), New York NY • **S. 74.5** shutterstock (graph), New York NY • **S. 74.6** shutterstock (kamnuan shutterstock(kamnuan), New York NY • **S. 74.7** shutterstock (briam), New York NY • **S. 74.8** shutterstock (kamnuan), New York NY • **S. 74.9** shutterstock (luchschen), New York NY • **S. 74.10** shutterstock (Galayko Sergey), New York NY • **S. 74.11** shutterstock (Evgeny Karandaev), New York NY • **S. 75.1** shutterstock (Cora Mueller), New York NY • **S. 78.1** shutterstock (Monkey Business Image), New York NY • **S. 82.1** shutterstock (Goodluz), New York NY • **S. 82.2** shutterstock (Goodluz), New York NY • **S. 82.3** shutterstock (oliveromg), New York NY • **S. 93.1** iStockphoto (gchutka), Calgary, Alberta • **S. 93.2** shutterstock (Alaettin YILDRIM), New York NY • **S. 93.3** shutterstock (DenisNata), New York NY • **S. 93.4** shutterstock (DenisNata), New York NY • **S. 93.5** shutterstock (Evgeny Karandaev), New York NY • **S. 94.1** iStockphoto (HighImpactPhotography), Calgary, Alberta • **S. 94.2** shutterstock (eskymaks), New York NY • **S. 94.3** shutterstock (Fotofermer), New York NY • **S. 94.4** shutterstock (Igor Dutina), New York NY • **S. 94.5** Shutterstock (MaraZe), New York NY • **S. 94.6** © Bernd Jürgens / fotolia.com • **S. 94.7** shutterstock (Fotofermer), New York NY • **S. 94.8** © rdnzl / fotolia.com • **S. 96.1** shutterstock (MTrebbin), New York NY • **S. 96.2** shutterstock (Garsya), New York NY • **S. 96.3** shutterstock (rvlsoft), New York NY • **S. 96.4** iStockphoto (DonNichols), Calgary, Alberta • **S. 96.5** shutterstock (mistery), New York NY • **S. 96.6** shutterstock (Mark III Photonics), New York NY • **S. 96.7** iStockphoto (onebluelight), Calgary, Alberta • **S. 96.8** shutterstock (nito), New York NY • **S. 96.9** shutterstock (Julian Rovagnati), New York NY • **S. 97.1** shutterstock (MTrebbin), New York NY • **S. 97.2** iStockphoto (onebluelight), Calgary, Alberta • **S. 97.3** shutterstock (Mark III Photonics), New York NY • **S. 97.4** iStockphoto (DonNichols), Calgary, Alberta • **S. 97.5** shutterstock (Garsya), New York NY • **S. 97.6** shutterstock (rvlsoft), New York NY • **S. 99.1** shutterstock (auremar), New York NY • **S. 99.2** iStockphoto (diane39), Calgary, Alberta • **S. 99.3** shutterstock (Chris Howey), New York NY • **S. 99.4** shutterstock (Andy Dean Photography), New York NY • **S. 99.5** shutterstock (ESTUDI M6), New York NY • **S. 99.6** shutterstock (Minerva Studio), New York NY • **S. 99.7** shutterstock (andresr), New York NY • **S. 99.8** iStockphoto (Turnervisual), Calgary, Alberta • **S. 101.1** iStockphoto (DustyPixel), Calgary, Alberta • **S. 102.1** shutterstock (MTrebbin), New York NY • **S. 102.2** shutterstock (Garsya), New York NY • **S. 102.3** shutterstock (rvlsoft), New York NY • **alle anderen Fotos:** Stephan Klonk Fotodesign, Berlin

CD-Impressum

Sprecher: Johanna Niedermüller, Hendrik van Ypsilon, Dorothea Baltzer, Cornelius Dane, Hede Beck, Manuela, Jonas, Odine, Jesse, Jonathan, Sarah und Nicole
Musik: OMNI-Mediasound; Sonoton
Gesang: Jeschi Paul
Musikal. Begleitung: Frank Rother
Produktion: Bauer Studios, Ludwigsburg; Andreas Nesic Costum Music
Presswerk: Osswald GmbH & Co., Leinfelden-Echterdingen

© Loescher Editore S.r.L., Torino, erste Ausgabe 2002, Giorgio Motta, Wir
Für die internationale Ausgabe
© 2013 Ernst Klett Sprachen GmbH, Stuttgart (erste Ausgabe 2003)

Alle Rechte vorbehalten.